Spaß mit Experimenten für Kinder

Therese Mielhaht

Spannend – verblüffend – gefahrlos

Spaß mit Experimenten

für Kinder

Der Text dieses Buches entspricht den Regeln der neuen deutschen Rechtschreibung.

Zeichnungen: Heinz Fechner, Marienheide
Redaktion: Herta Winkler
Herstellung: Eva Kumar

Die Ratschläge in diesem Buch sind von Autorin und Verlag sorgfältig erwogen und geprüft, dennoch kann eine Garantie nicht übernommen werden. Eine Haftung der Autorin bzw. des Verlags und seiner Beauftragten für Personen-, Sach- und Vermögensschäden ist ausgeschlossen.

Satz: Sabine Vogt dtp, Freising
Druck: Alföldi, Debrecen
Printed in Hungary

296770191X817 2635 4453 6271

1109601X04 03 02 01

Inhalt

Vorwort

Die Versuche in diesem Buch werden dich mit Sicherheit zum Staunen bringen. So kannst du zum Beispiel ein hart gekochtes Ei mit Schale durch eine Flaschenöffnung drücken und Wasser in einem Glas von selbst hochsteigen lassen. Sicher möchtest du auch einmal ausprobieren, wie mit Sonnenenergie Kartoffeln gegart werden und wie man einen Regenbogen ins Zimmer holt.

Alle Experimente sind leicht auszuführen und völlig ungefährlich, vorausgesetzt, du gehst mit Streichhölzern und brennenden Kerzen vorsichtig um. Vergiss deshalb nicht, nach einem Versuch offene Flammen wieder zu löschen und heiße Herdplatten auszuschalten.

Die meisten Versuche kannst du allein durchführen. Manchmal ist es allerdings auch lustig, sie zusammen mit Freunden auszuprobieren. In einigen Fällen kommt dabei sogar ein Spielzeug heraus, wie ein Telefon aus Dosen, eine Schachtel, mit der du um die Ecke schauen kannst, oder ein Boot, das mit Dampf angetrieben wird. Das Material, das du benötigst, ist fast immer im Haushalt bereits vorhanden. Du brauchst keinerlei Spezialgeräte wie etwa Bunsenbrenner, Mikroskop oder Teststäbchen.

Sämtliche Experimente sind mehrfach getestet worden. Dennoch solltest du etwas Geduld und Fingerspitzengefühl mitbringen. Wenn daher ein Versuch nicht gleich beim ersten Mal klappt, ist das kein Grund zum Verzweifeln. Probiere ihn eben noch einmal aus.

Das Buch möchte beweisen, dass Wissenschaft auch spannend und verblüffend sein kann. Bei allen Experimenten in den folgenden zwölf Kapiteln steht der Spaß im Vordergrund. Die meisten Versuche wirken wie die Tricks der großen Zauberer. Dabei sind die Geheimnisse, die dahinter stecken, nichts anderes als die Gesetze der Natur. Wenn du diese Experimente durchführst, wirst du die Welt, in der wir leben, ein wenig besser verstehen.

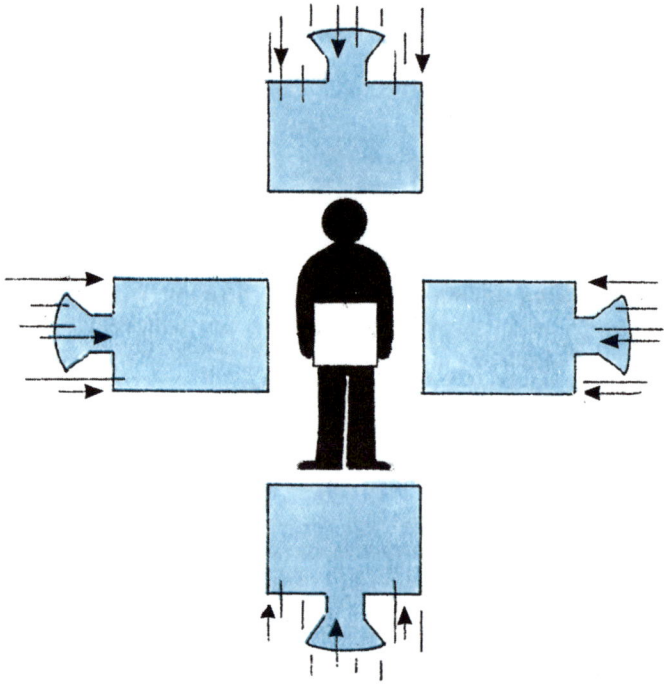

Experimente mit Luft

Du kannst sie weder sehen noch berühren, und dennoch ist sie überall um dich herum vorhanden. Eine Hülle aus Luft umgibt die Erde bis in eine Höhe von etwa 250 Kilometern. Sie schützt dich vor der Kälte aus dem Weltall und vor der Sonnenhitze. Darüber hinaus besitzt Luft eine Reihe von interessanten Eigenschaften, die du mit den Experimenten auf den folgenden Seiten sichtbar machen kannst. Hättest du zum Beispiel gedacht, dass Luft ein Gewicht besitzt? Auf jedem Quadratzentimeter deiner Haut lastet mehr als ein Kilogramm Luftdruck. Du spürst dieses Gewicht nicht, weil dich der Druck nicht nur von oben, sondern auch von der Seite und von unten trifft. Er gleicht sich also aus.

Gerade weil wir so selten an die Luft denken, ist es möglich, dass du deine Freunde mit den nächsten Versuchen ganz schön zum Staunen bringst.

ⅩLuft gegen Wasser

Wir leben am Boden eines riesigen Ozeans aus Luft. Dieses Gasgemisch übt ständig Druck auf uns aus, ohne dass es uns bewusst ist. Wie stark der Luftdruck ist, kannst du an diesem Versuch sehen.

Fülle ein Trinkglas bis zum Rand mit Wasser und bedecke es mit einem Stückchen Pappe. Es dürfen keine Luftblasen mehr im Glas sein. Halte den Pappdeckel fest und drehe das Glas um. Nun kannst du vorsichtig die Hand loslassen: Das Wasser fließt nicht aus. Wie ist das möglich? Es ist der äußere Luftdruck, der die Pappe von unten fest gegen die Glasöffnung presst. Er ist stärker als das Gewicht des Wassers, das von oben auf die Pappe drückt.

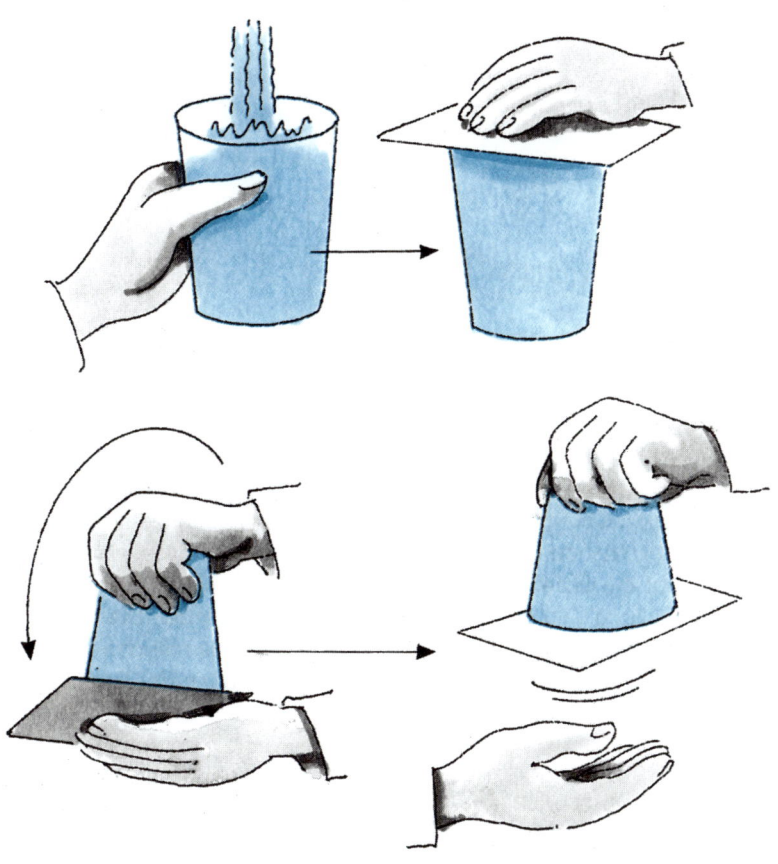

Magischer Eier

Deine Freunde werden glauben, dass du für diesen Versuch Zaubereier benutzt. Wie kräftig du auch pustest, die Eier bewegen sich aufeinander zu anstatt voneinander weg.

Blase zunächst zwei Eier aus. Für die Aufhängung knickst du ein Streichholz in der Mitte und knotest an der Bruchstelle einen Faden an. Dann steckst du das Hölzchen zusammengedrückt in eines der Eier. Dort öffnet es sich und hält den Faden fest. Das zweite Ei befestigst du genauso an einem Faden.

Beide Eier hängst du nun in geringem Abstand voneinander an den Stiel eines Holzlöffels. Wenn du gleichmäßig und kräftig zwischen die zwei Eier hindurchpustest, bewegen sie sich aufeinander zu und stoßen schließlich sogar gegeneinander.

Warum schwingen die Eier nicht voneinander weg? Indem du bläst, drückst du die Luft zwischen den Eiern fort, sodass der Luftdruck dort etwas abnimmt. Gleichzeitig erhöht sich der Druck der Luft um die Eier herum. Er bewirkt, dass die Eier gegeneinander stoßen.

Schwere Luft

Hier ist noch ein Experiment, mit dem du den Luftdruck sichtbar machen kannst.

Lege ein altes, möglichst langes Lineal so auf einen Tisch, dass es mit einem Ende über die Tischkante hinausragt. Den auf dem Tisch liegenden Teil des Lineals decke mit einigen Lagen Zeitungspapier zu. Schlage dann mit der Faust kräftig auf das überstehende Ende des Lineals. Das Zeitungspapier bleibt nahezu unbeweglich liegen und schnellt nicht, wie erwartet, hoch.

Stattdessen könte dein Lineal zerbrechen, wenn du zu stark zuschlägst. Wieso ist das Papier scheinbar kräftiger als das Lineal? Das auf den Zeitungen lastende Gewicht der Luft hält das Lineal wie in einer Schraubzwinge fest. Mit einem blitzschnellen, starken Schlag kannst du die Zeitungen nicht hochpressen. Drückst du allerdings das freie Ende des Lineals langsam nach unten, hat die Luft genügend Zeit, um auszuweichen.

Gegenstände ohne Windschatten

Es ist zwecklos, sich hinter einem Baum vor Wind schützen zu wollen. Das nächste Experiment beweist es dir. Zünde eine Kerze an und stelle eine Flasche davor. Wenn du nun kräftig gegen die Flasche pustest, geht die Flamme sofort aus.

Der auf die Flasche auftreffende Luftstrom schmiegt sich der Rundung der Flasche an und fließt hinter ihr fast ungebremst weiter. Ebenso wenig, wie die Kerze hinter der Flasche vor Wind geschützt ist, hast auch du hinter einem Baumstamm oder einer Litfaßsäule Ruhe vor ihm.

Kartentrick

Nun etwas wirklich Überraschendes: Schneide eine alte Spielkarte quadratisch zu. Die Seiten sollten eine Länge von vier Zentimetern haben. Stich eine Reißzwecke durch die Mitte der Karte. Dann hältst du die Karte so unter eine Garnrolle, dass die Spitze der Reißzwecke in die Öffnung der Rolle hineinragt. Puste nun kräftig durch das Loch der Rolle und lass die Karte los. Solange du bläst, schwebt die Karte frei unter der Garnrolle.

Warum? Der Luftstrom, den du zwischen Karte und Rolle schickst, erzeugt hier einen Unterdruck. Der Luftdruck unter der Karte bleibt aber normal und presst die Karte nach oben gegen die Rolle.

Umgefüllte Luft

Ich kann dir beweisen, dass sämtliche Gläser in euerm Küchenschrank voll sind. Sie sind gefüllt mit Luft. Diese Luft kannst du auch sichtbar machen, indem du zum Beispiel die Luft von einem Glas in ein anderes füllst. Und das geht so:

Lass eine große Glasschüssel voll Wasser laufen. Tauche ein Trinkglas (1) ins Wasser und halte es so lange schräg, bis sämtliche Luft daraus entwichen ist. Tauche nun ein zweites, gleich großes Trinkglas (2) unter die Wasseroberfläche. Halte dieses Glas jedoch senkrecht, damit keine Luft daraus entweicht. Kippe das Glas ein wenig und fange mit dem mit Wasser gefüllten Glas die aufsteigenden Luftblasen auf. Nach kurzer Zeit ist die gesamte Luft aus dem zweiten Glas in das erste übergewechselt.

Die Erklärung dieses Vorgangs ist einfach: Da Luft leichter als Wasser ist, steigt sie aus dem zweiten Glas nach oben, sobald es schräg gehalten wird. Im ersten Glas wird das Wasser von den aufsteigenden Luftblasen verdrängt.

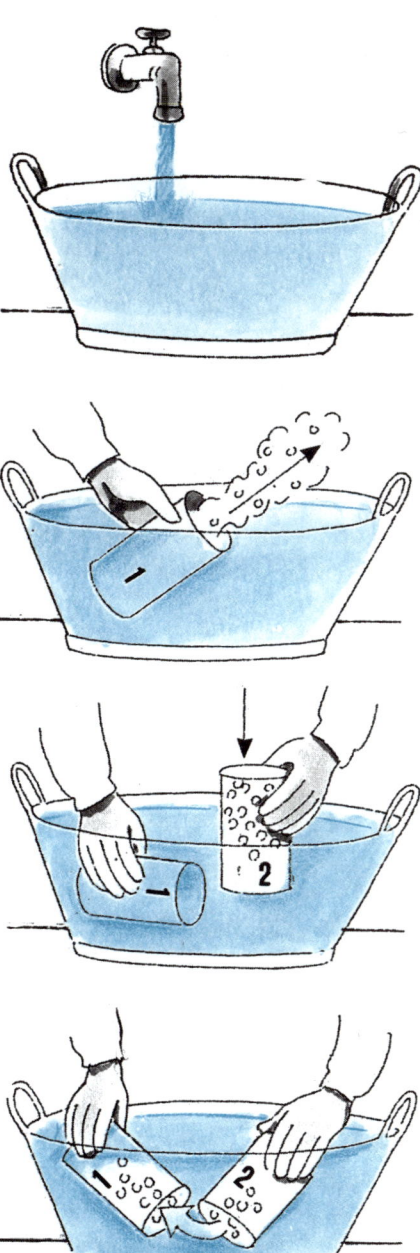

Papier im Luftstrom

Warum fliegt ein Flugzeug? Du kannst es selbst herausfinden, indem du ein Blatt Pergamentpapier zum Flügel werden lässt.

Halte ein etwa 20 x 10 Zentimeter großes Blatt Pergamentpapier so vor den Mund, dass es in einem Bogen herabhängt. Blase gleichmäßig von oben über die Wölbung. Was geschieht? Das Papier schlägt nach oben aus.

Durch dein Pusten verringerst du den Luftdruck über dem Papier. Unter dem Papier bleibt der Druck der Luft aber normal und hebt das Papier an. Flugzeugflügel haben eine gewölbte Oberseite und eine gerade Unterseite. Während des Fluges strömt die Luft schneller über den gewölbten Oberflügel als über die ebene Unterseite. Die Folge: Über den Flügeln verringert sich der Luftdruck, und unter den Flügeln hebt der normale Luftdruck die Flügel und somit das ganze Flugzeug hoch.

Flotter Flieger

Die Erkenntnis, dass bewegte Luft weniger Druckkraft besitzt als unbewegte, kannst du auch für deine selbst gebastelten Flugobjekte nutzen. Hier ein Flieger, der so gar nicht flugtauglich aussieht und dennoch besser fliegt als manches Papierflugzeug. ·

Schneide zwei Papierstreifen zu. Der erste hat die Maße 15 x 1,5 Zentimeter, der zweite hat die Maße 12 x 1 Zentimeter. Lege die Streifen zu einem Kreis und fixiere die etwas überlappenden Enden mit einem Streifen Klebeband. Ebenfalls mit Klebeband befestigst du nun die beiden Papierreifen an den beiden Enden eines Strohhalmes. Dein Flieger ist fertig. Lass ihn mit dem kleineren Reifen nach vorn fliegen. Wenn du ihn mit nach unten gedrehten Reifen in die Luft wirfst, fängt dein Flugobjekt an, um die eigene Längsachse zu kreiseln. Lässt du ihn mit nach oben gedrehten Papierreifen fliegen, beschreibt er eine hohe und weite Flugbahn.

Wie lässt sich das erklären? Die Form und die Anordnung der Reifen bewirken, dass sich der Luftstrom über den Reifen schneller bewegt als unter ihnen. Auf der Reifenoberseite entsteht also ein Unterdruck, während auf der Reifenunterseite der Luftdruck normal bleibt. Der Druckunterschied hält deinen Flieger in der Luft, solange der Vortrieb, den du ihm durch dein Werfen gegeben hast, ausreicht.

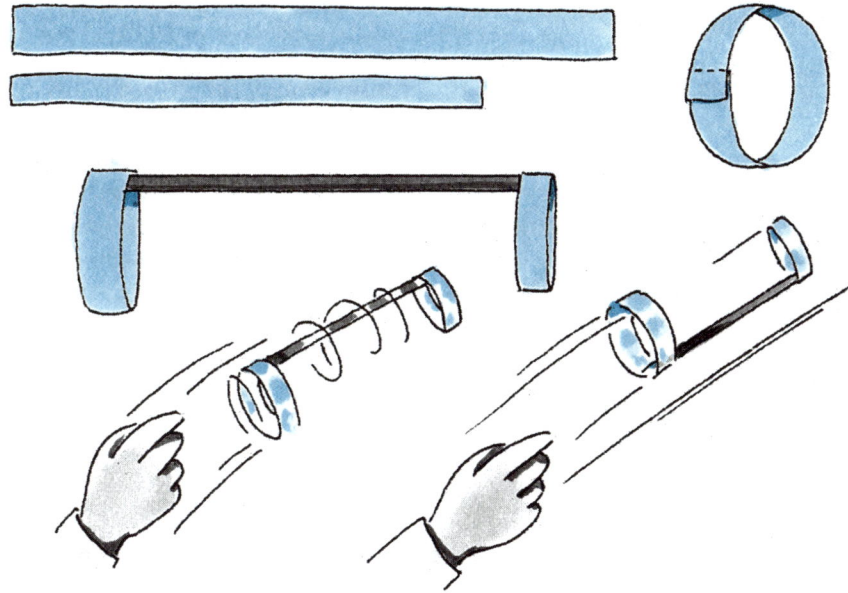

Trockenes Wasser

Glaubst du, dass es dir gelingt, ein Papiertaschentuch ins Wasser zu tauchen und es trocken wieder herauszuziehen? Das klingt unmöglich, ist es aber nicht.

Öffne ein Papiertaschentuch, zerknülle es und stopfe es fest in ein Glas. Es darf nicht herausfallen, wenn du das Glas umdrehst. Fülle einen Eimer mit Wasser und tauche das Glas mit der Öffnung nach unten hinein. Ziehe anschließend das Glas senkrecht aus dem Wasser wieder heraus und drehe es um. Das Papiertaschentuch ist nicht nass geworden.

Gibt es etwa »trockenes Wasser«? Keineswegs. Das Papiertaschentuch kommt überhaupt nicht mit Wasser in Berührung, weil die im Glas eingeschlossene Luft verhindert, dass Wasser von unten eindringt.

Eiserner Luftballon

Wetten, dass du einen normalen Luftballon nicht aufblasen kannst?

Stecke einen Luftballon in eine Flasche und stülpe den Rand des Ballons über den Flaschenhals. Und jetzt darfst du pusten. Was geschieht? So stark du auch bläst, dein Ballon wird nicht größer.

Die in der Flasche eingeschlossene Luft verhindert, dass dein Ballon sich ausbreiten kann. Auch Luft braucht Platz. Dies ist eine verblüffende Wette, die deine Freunde sicherlich noch nicht kennen.

Flut im Glas

Hast du schon einmal gesehen, wie Wasser in einem umgedrehten Glas von selbst hochsteigt? Mache folgendes Experiment und beobachte, was passiert.

Gib in einen flachen Teller etwas Wasser und stelle ein brennendes Teelicht in die Mitte des Tellers. Stülpe nun ein Glas über das Teelicht. Nach einer kurzen Weile geht die Flamme aus, und im selben Augenblick steigt das Wasser im Glas hoch. Das Teelicht löst sich vom Boden und schwimmt auf der erhöhten Wasseroberfläche.

Feuer braucht Sauerstoff zum Brennen. Wenn die Flamme des Teelichtes den im Glas enthaltenen, Sauerstoff verbraucht hat, geht sie aus. Im Glas entsteht ein Unterdruck, den der normale äußere Luftdruck wieder ausgleichen will. Er presst daher das vorgelagerte Wasser ins Glas.

Wasserzerstäuber

Viele Zimmerpflanzen gedeihen besser, wenn du ihre Blätter von Zeit zu Zeit mit Wasser besprühst. Eine Handspritze, die einen feinen Sprühnebel erzeugt, kannst du dir selbst bauen.

Fülle ein Glas mit Wasser und halte einen Trinkhalm senkrecht hinein. Das obere Ende des Trinkhalmes muss über den Glasrand hinausragen. Mit der freien Hand hältst du einen zweiten Trinkhalm waagerecht an die Öffnung des ersten. Pustest du nun kräftig durch den zweiten Trinkhalm, schießt ein Sprühnebel waagerecht aus der Öffnung auf der anderen Seite heraus. Wie ist das möglich? Wenn sich Luft bewegt, hat sie einen geringeren Druck als unbewegte Luft. Der stärkere Druck der umgebenden Luft kann feste, aber auch flüssige Körper in die Luftströmung stoßen. Indem du über die Öffnung des senkrecht stehenden Trinkhalmes hinwegbläst, bewirkst du, dass der Luftdruck, der auf der Wasseroberfläche lastet, das Wasser in den Trinkhalm drückt.

Luftpolster

Den folgenden Trick solltest du ein wenig üben, bevor du ihn vorführst. Nach einigen Versuchen wird er dir gelingen. Du brauchst dazu zwei Eierbecher aus Porzellan und einen Tischtennisball. Setze die Eierbecher direkt hintereinander vor dich auf den Tisch. In den vorderen Becher legst du den Tischtennisball. Puste nun gleichmäßig und kräftig auf den Rand des Bechers. Der Ball hebt sich, wie von Geisterhand berührt, in die Höhe und fällt nach hinten in den zweiten Becher. Bis du weißt, wie stark du blasen musst, damit dein Ball auch wirklich den hinteren Becher trifft, musst du den Versuch wahrscheinlich einige Male wiederholen. Wieso schießt der Tischtennisball empor? Wie du sicher bemerkt hast, schließt der Ball nicht genau mit dem Rand des Eierbechers ab. Wenn du pustest, strömt durch diesen Spalt Luft unter den Ball. Sie wird dort etwas zusammengedrückt und bildet ein Luftposter, das den Tischtennisball in die Höhe hebt.

Versuche mit Wasser

Ohne Wasser gäbe es auf der Erde kein Leben. In einem ständigen Kreislauf wandert das Wasser vom Meer zum Festland und wieder zurück. Auf der riesigen Oberfläche der Ozeane verdunstet das Meerwasser und verdichtet sich zu Regenwolken. Als Niederschlag fällt es wieder auf die Erdoberfläche und gelangt in Bächen und Flüssen zurück ins Meer.

Das Element Wasser kann aber noch viel mehr. Es kann sich beispielsweise wölben, weil seine Oberfläche von einer starken Kraft, der Oberflächenspannung, zusammengehalten wird. Diese Kraft wirkt wie eine dehnbare Haut. Wasser hat außerdem, wie alle Körper, ein Gewicht. Wie du Wasser schwerer machen und dadurch faule Eier entlarven kannst, ohne sie aufzuschlagen, erfährst du auf einer der nächsten Seiten. Du erlebst aber auch, was es mit Wasserdruck und Wasserwiderstand auf sich hat und welche überraschenden Experimente sich daraus ergeben.

Gewölbtes Wasser

Bevor du mit dem Versuch beginnst, lass deine Freunde erst einmal schätzen: »Wie viele Münzen kann man in ein randvolles Wasserglas hineinwerfen, ohne dass Flüssigkeit überfließt?« Notiere die Zahlen auf einem Block und fülle ein Glas bis zum Rand mit Wasser. Lasse nun vorsichtig eine Münze nach der anderen hineingleiten. Wer das Experiment nicht kennt, hat mit großer Wahrscheinlichkeit eine viel zu niedrige Münzenanzahl angegeben. Ihr werdet sehen, dass sich die Wasseroberfläche wölbt und überraschend viele Münzen im Glas Platz finden, bevor das Wasser überschwappt.

Wie lässt sich das erklären? Die Wassermoleküle ziehen sich gegenseitig an. Sie erzeugen die so genannte Oberflächenspannung, die wie eine Haut wirkt. Diese Haut hindert das Wasser im Glas daran überzulaufen, wenn es ein wenig über den Rand ansteigt.

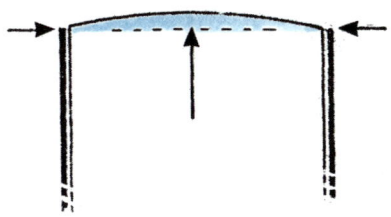

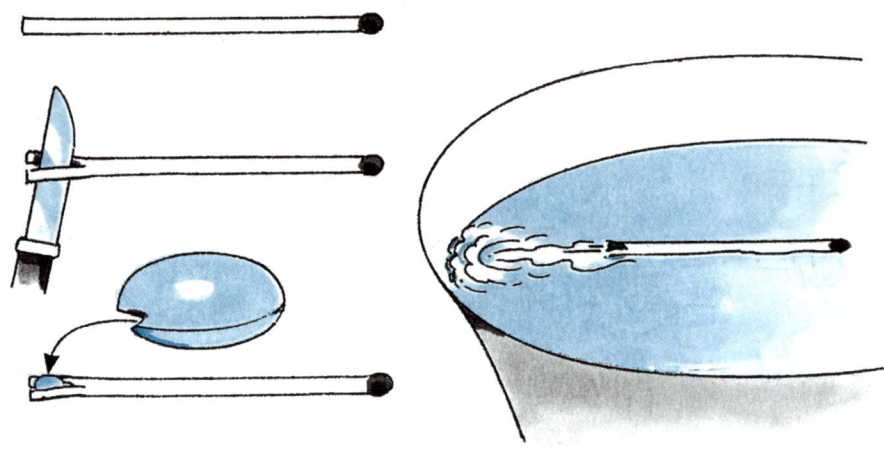

Streichholz mit Seifenantrieb

Ein einfaches Schiffchen kannst du dir schnell aus einem Streichholz und etwas Seife basteln.

Schneide ein Streichholz mit einem Messer am hinteren Ende etwas ein. Biege den Spalt leicht auf und streiche ein wenig Seife hinein. Wenn du das Hölzchen in eine große, mit Wasser gefüllte Schüssel legst, bewegt es sich eine ganze Weile vorwärts.

Wie funktioniert das? Dort, wo die Seife mit dem Wasser in Kontakt kommt, zerstört sie die Oberflächenspannung. Die Flüssigkeitsmoleküle geraten in Bewegung und schnellen nach hinten. Dabei stoßen sie gleichzeitig das Hölzchen nach vorn.

Alles im Eimer

Du kannst einen mit Wasser gefüllten Eimer mit der Öffnung nach unten in einer Hand halten, ohne dass auch nur ein Tropfen Flüssigkeit herausfließt. Wie geht das? Ganz einfach:

Fülle einen Henkeleimer zur Hälfte mit Wasser und gehe mit ihm nach draußen. Versetze den Eimer zunächst in schaukelnde Bewegungen und schwenke ihn dann in großen Bögen in und her. Halte deinen Arm dabei gestreckt. Schwinge nun den Eimer in einem Kreis über deinen Kopf Du wirst sehen, deine Haare bleiben trocken.

Das Wasser wird von der Fliehkraft gegen den Eimerboden gepresst. Diese Kraft wirkt auf Gegenstände ein, die sich auf einer Kreisbahn befinden. Sie ist stärker als die nach unten ziehende Schwerkraft.

Neue Wasserzeichen

Hast du Lust, deine eigenen Wasserzeichen herzustellen? Das geht ganz einfach.

Befeuchte ein Blatt Papier mit Wasser. Lege das Papier auf eine Glasscheibe und male mit einer stumpfen Spitze, wie zum Beispiel dem Ende einer Stricknadel, einem Brieföffner oder einem Pinselkiel, ein Zeichen auf das Papier. Du kannst die Anfangsbuchstaben deines Namens wählen, vielleicht denkst du dir auch ein Geheimzeichen aus, damit nur Eingeweihte dein Symbol entziffern können. Lass das Papier anschließend trocknen.

Wenn du es gegen das Licht hältst, wirst du dein Zeichen als helle Schattierung auf dem Papier erkennen können. Legst du das Papier wieder vor dich auf den Tisch, dann ist das Symbol unsichtbar.

Des Rätsels Lösung: Papier besteht aus Cellulosefasern, die in einer bestimmten Anordnung zusammengefügt sind. Wenn du mit einer stumpfen Spitze auf nasses Papier schreibst, zerstörst du an dieser Stelle die Struktur der Fasern. Ein Wasserzeichen entsteht.

Lange Leitung

Wie kannst du mit einem Stück Gummischlauch Wasser von einem Einweckglas in ein anderes umfüllen?
Stelle ein mit Wasser gefülltes Glas auf ein dickes Buch und setze ein leeres Glas daneben auf den Tisch. Tauche den Schlauch in das Wasser und sauge am anderen Ende, sodass sich der Schlauch mit Wasser füllt. Nimm das Schlauchende aus dem Mund, drücke es mit dem Zeigefinger zu und halte es in das leere Einweckglas. Dann gib die Öffnung frei. Das Wasser fließt durch den Schlauch in das leere Einweckglas.

Des Rätsels Lösung: Das Wasser will an beiden Schlauchöffnungen gleichzeitig herausfließen, aber der äußere Luftdruck versucht, das zu verhindern. Durch die Schwerkraft der Erde angezogen, tritt das Wasser am tiefer liegenden Schlauchende aus. Am höher gelegenen Ende presst der Luftdruck das Wasser in den Schlauch hinein.
Wiederhole den Versuch, nur fülle diesmal den Schlauch nicht mit Wasser, wenn du ihn in die Gläser hältst. Was passiert? Der Wassertransport funktioniert nicht, weil der Luftdruck im Schlauch verhindert, dass das Wasser aus dem höher stehenden Weckglas im Schlauch emporsteigen kann.

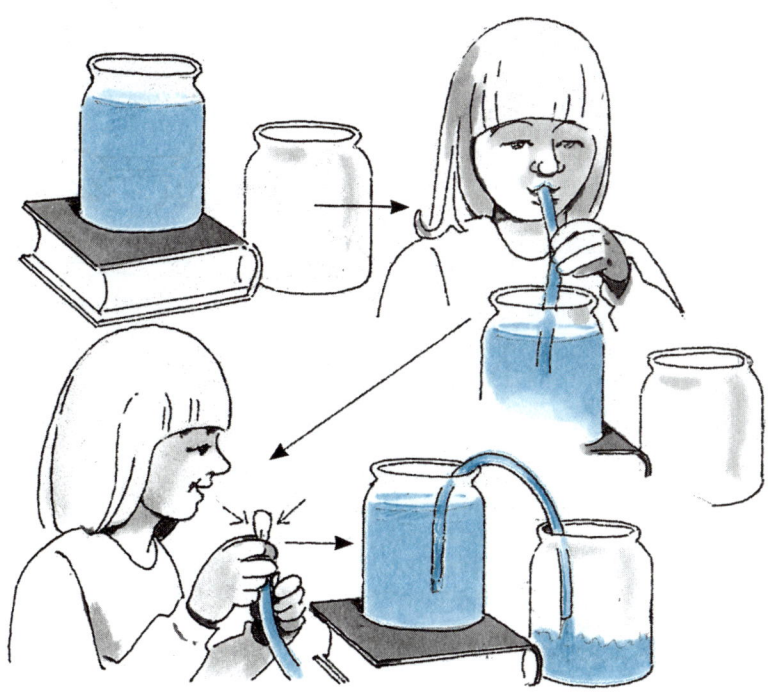

Kirschentrick

Fülle einen Glaskrug mit sprudelndem Mineralwasser. Gib ein paar kleine Kirschen in die perlende Flüssigkeit und beobachte, was geschieht.
Zunächst sinken die Kirschen auf den Boden des Kruges. Nach einer kleinen Weile steigen sie zur Wasseroberfläche, und kurz darauf sinken sie wieder. Wie funktioniert das? Die dem Mineralwasser entweichenden Gasbläschen bestehen aus Kohlendioxid. Sie lagern sich in großer Zahl an den zu Boden gesunkenen Kirschen an und tragen sie an die Oberfläche des Wassers. Dort zerplatzen die Bläschen, die Kirschen sinken wieder zu Boden, und das Spiel beginnt von neuem.

Wasserdichtes Tuch

Fülle ein Glas bis zum Rand mit Wasser. Spanne ein Stück Leinengewebe, zum Beispiel ein Geschirrtuch oder ein Stofftaschentuch, über die Öffnung des Glases und befestige es mit einem Gummiband. Drehe nun das Glas um. Es läuft kein einziger Tropfen Wasser aus.
Des Rätsels Lösung: Wo Wasser mit Luft in Berührung kommt, schließt es sich durch die Oberflächenspannung hautartig ab. Zwischen den Fäden des Leinengewebes liegen winzige Hohlräume. Die Oberflächenspannung hindert das Wasser daran, durch diese Löcher auszufließen.

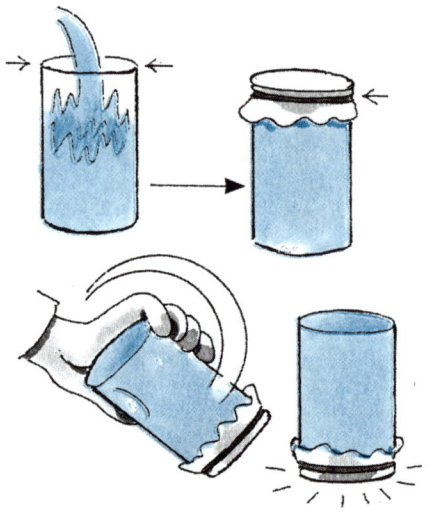

Magische Gläser

Die »Zutaten« für den folgenden Trick bekommst du von deinen Eltern: Zwei Schnapsgläser, etwas Weinbrand und ein kleines Stück Zeichenkarton. Fülle eines der Schnapsgläser bis zum Rand mit Wasser und das andere mit Weinbrand. Es dürfen keine Luftblasen mehr im Glas sein. Bedecke das Glas mit Wasser mit dem Zeichenkarton. Halte den Karton fest, drehe das Glas um und setze es auf das Glas mit dem Weinbrand. Schiebe nun vorsichtig den Karton ein wenig zur Seite, bis er einen kleinen Spalt zwischen den Gläsern freigibt. Sofort geraten die Flüssigkeiten in Bewegung. Durch die Öffnung steigt der dunkle Weinbrand nach oben, während gleichzeitig das Wasser nach unten strömt. Nach ungefähr fünf Minuten haben sich die beiden Flüssigkeiten in den Gläsern vermischt. Und wenn du nach einer Stunde noch einmal nachschaust, befindet sich im oberen Glas deutlich mehr Weinbrand als im unteren: Die Flüssigkeiten haben die Gläser gewechselt.

Wie war das möglich? Da Alkohol leichter als Wasser ist, schwimmt er auf der Oberfläche. Durch den Spalt steigt er in das obere Glas und verdrängt dort das Wasser.

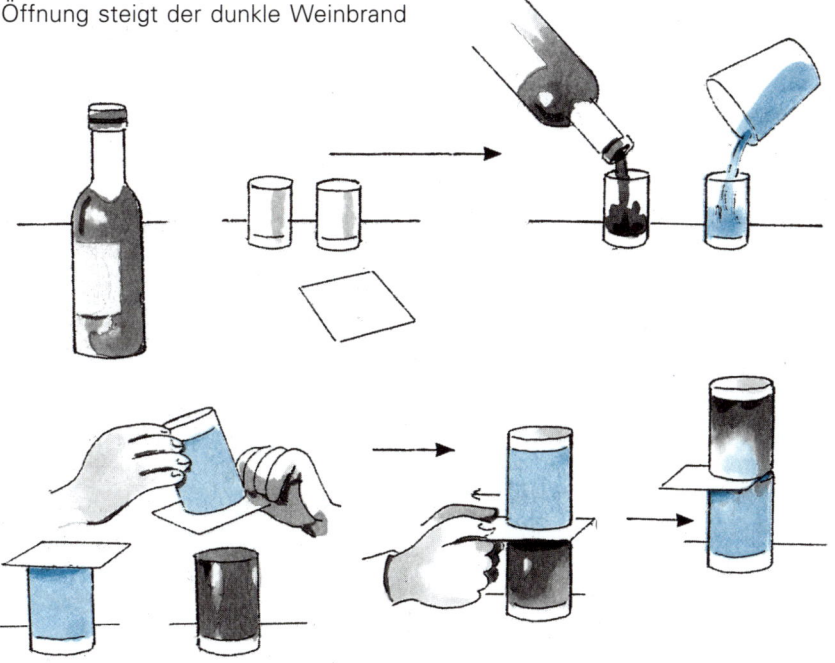

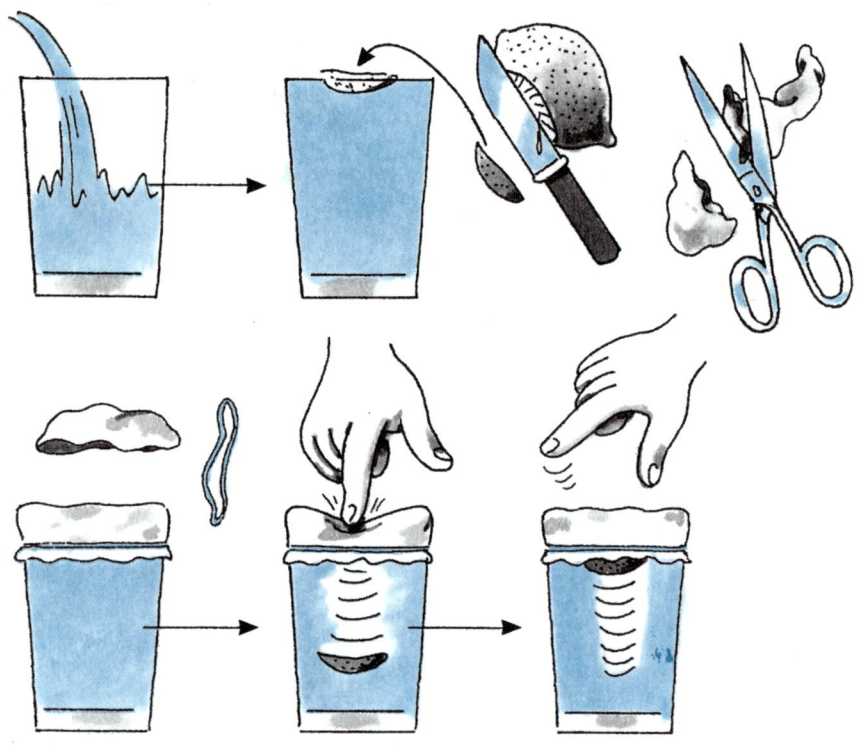

Tauchende Zitronenschale

Fülle ein großes Glas randvoll mit Wasser. Schneide aus einer Zitrone ein kleines Stück Schale heraus und setze sie in das Wasser. Zerschneide einen Luftballon und spanne etwas Gummihaut über die Öffnung des Glases. Befestige sie mit einem Gummiband.
Wenn du auf die Haut drückst, taucht die Fruchtschale unter. Nimmst du die Hand weg, steigt die Schale wieder nach oben.

Warum? Wenn du auf die Gummihaut drückst, die das Glas verschließt, erhöht sich der Druck im Glas. Da sich Wasser nicht zusammenpressen lässt, werden die in der Zitronenschale eingeschlossenen Luftbläschen ein wenig zusammengedrückt. Der Auftrieb der Schale wird geringer, sie sinkt. Sobald du die Hand wieder entfernst, dehnen sich die Luftbläschen wieder aus und tragen die Schale nach oben.

Schwebende Eier

Stelle zwei Gläser nebeneinander und fülle sie mit Wasser. Gib in eines der Gläser zwei Esslöffel Salz und rühre kräftig um, bis sich das Salz im Wasser gelöst hat. Lass vorsichtig in beide Gläser ein rohes Ei gleiten. Das Ei im ersten Glas sinkt, wie erwartet, zu Boden, während das Ei im Glas mit dem Salzwasser in der Mitte schwebt.

Salzwasser ist schwerer als Süßwasser. Das Ei in der Salzwasserlösung sinkt nicht zu Boden, weil es etwas leichter als Salzwasser ist.

Mit dem gleichen Trick kannst du auch alte Eier entlarven. Sollte eines deiner Probier-Eier wider Erwarten in der Salzwasserlösung nicht bis zur Mitte sinken, sondern an der Oberfläche schwimmen, hast du ein verdorbenes Ei erwischt.

Mit der Zeit verlieren alle Eier an Gewicht, weil laufend etwas Wasser aus ihrem Innern durch die Eierschale verdunstet.

Magnethölzer

Mithilfe dieses Tricks bringst du Streichhölzer dazu, an den Rand oder in die Mitte einer mit Wasser gefüllten Schüssel zu schwimmen. Sie folgen scheinbar deinem Willen.

Du brauchst dazu einen Zauberstab, den du dir ganz einfach basteln kannst. Rolle ein Blatt Papier und klebe es zu einer dünnen Rolle zusammen. Drücke in den Hohlraum der einen Seite etwas Seife (A) und klebe in das andere Ende einige Zuckerkrümel (B). Bei deiner Vorstellung füllst du eine Schüssel mit Wasser und ordnest sechs Streichhölzer auf der Oberfläche kreisförmig an (siehe Zeichnung 1). Mit der Seifenseite deines Zauberstabes berührst du jetzt die Oberfläche in der Mitte des Sterns (siehe Zeichnung 2). Die Streichhölzer schwimmen, wie von Geisterhand geführt, zum Rand der Schüssel (A). Nun berührst du mit der Zuckerseite deines Stabes die Wasseroberfläche. Deine Hölzer kommen sofort wieder in die Mitte zurück (B).

Wie lässt sich das erklären? Seife verringert die Oberflächenspannung des Wassers in der Umgebung des Zauberstabes. Am Rand des Tellers ist die Oberflächenspannung stärker und zieht die Zündhölzer nach außen. Die Zuckerkrümel dagegen saugen das Wasser an. Diesmal entsteht ein Wasserstrom in die entgegengesetzte Richtung, der die Streichhölzer zurück zur Mitte zieht.

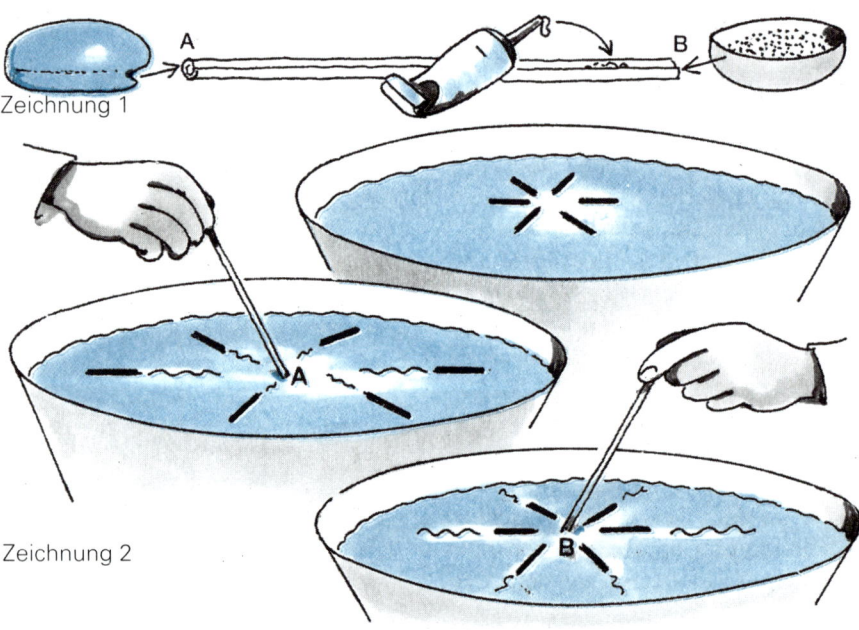

Zeichnung 1

Zeichnung 2

Starke Spannung

Fülle ein Glas bis zum Rand mit Wasser. Bedecke es so mit einem rechteckigen Stück Karton, dass der Pappdeckel an einer Seite übersteht. Wichtig: Es dürfen sich keine Luftblasen mehr im Glas befinden. Jetzt sitzt der Karton so fest auf dem Glas, dass du auf der überstehenden Seite Münzen zu einem Turm stapeln kannst, ohne dass der Pappdeckel hochklappt. Zähle, wie viele Münzen du übereinanderlegen kannst. Wieder einmal ist es die Oberflächenspannung, die Außergewöhnliches bewirkt. Sie ist so stark, dass sie dem Gewicht überraschend vieler Münzen entgegenwirken kann und den Kartondeckel auf dem Glas festhält.

Wasserspiel

Mache dieses Geschicklichkeitsspiel zusammen mit deinen Freunden.
Setze dazu einen Eierbecher aus Porzellan in die Mitte auf den Boden eines Eimers. Fülle den Eimer mit Wasser. Eure Aufgabe ist es nun, Pfennigstücke genau in den Eierbecher fallen zu lassen. Obwohl es sich einfach anhört, wird es euch sehr selten gelingen, mit einer Münze in den Becher zu treffen. Die meisten Geldstücke werden sich seitlich auf dem Eimerboden verteilen.

Warum? Sobald du die Münze auch nur leicht verkantest, drückt sie der Wasserwiderstand zur Seite weg. Es wird dir nur dann gelingen, den Eierbecher zu treffen, wenn du das Geldstück genau senkrecht ins Wasser fallen lässt.

Dicke Luft

Obwohl du sie nicht sehen kannst, füllt Luft alle Gegenstände aus, die uns leer erscheinen. Dass sie dennoch vorhanden ist, lässt sich beweisen.

Stecke einen Trichter in den Hals einer Flasche. Verschließe den Spalt zwischen Trichter und Flaschenöffnung mit weicher Knetmasse. Es darf keine Luft mehr durch diesen Spalt in die Flasche gelangen. Wenn du nun etwas Wasser in den Trichter gießt, füllt er sich, doch das Wasser fließt nicht ab in die Flasche. Bohre mit einem Bleistift ein kleines Loch in die Knetmasse, und das Wasser läuft sofort ab.

Wie lässt sich das erklären? Das Wasser kann nicht in die mit Knetmasse abgedichtete Flasche gelangen, weil diese bereits mit Luft gefüllt ist. Erst wenn die Luft durch das Loch entweichen kann, fließt das Wasser in die Flasche. Den umgekehrten Vorgang kannst du jedesmal beobachten, wenn du eine Dose Büchsenmilch öffnest. Bohrst du nur ein Loch, lässt sich die Milch ausschließlich durch kräftiges Drücken auf den Dosendeckel entnehmen.

Durch das eine Loch kann keine Luft in die Dose gelangen, um die austretende Flüssigkeit zu ersetzen. Sobald du aber ein zweites Loch bohrst, brauchst du die Dose nur etwas zu kippen, und ein gleichmäßiger Strahl Büchsenmilch fließt aus ihr heraus.

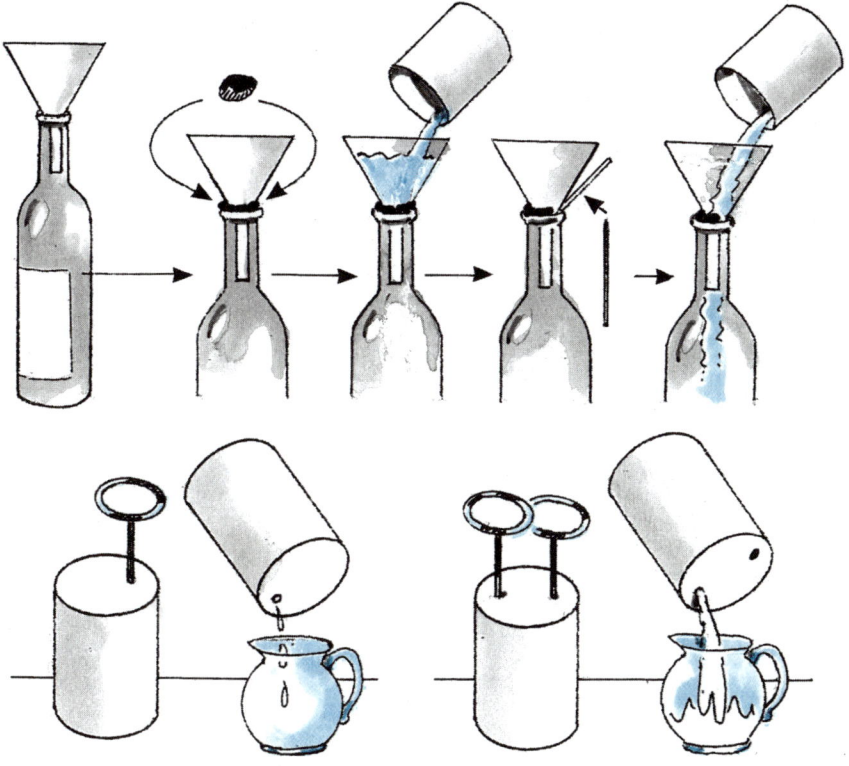

Neues über Wärme und Kälte

Wenn sich kalte Körper erhitzen oder warme Körper kälter werden, passiert meistens etwas Erstaunliches. Warme Luft zum Beispiel dehnt sich aus. So kannst du mithilfe der Luft eine Münze auf einem Flaschenhals zum Klappern bringen, als wäre ein unsichtbarer Klopfgeist am Werk. Auch Metall dehnt sich unter Hitzeeinwirkung aus. Wer das weiß, müsste jeden Schraubverschluss einer Glaskonserve mit nur zwei Fingern öffnen können.

Es ist auch gar nicht so einfach, Temperaturen zu schätzen. Eine Schüssel, in der sich scheinbar heißes und kaltes Wasser zugleich befinden, beweist dir, dass dich deine Sinnesorgane auch irreführen können.

Wenn du wissen willst, wie alle diese Experimente und noch eine Anzahl weiterer Versuche funktionieren, schaue auf den nächsten Seiten nach.

Warme Farben – kalte Farben

Haben Farben etwas mit Temperatur zu tun? Du kannst es mit folgendem Versuch selbst herausfinden.

Zunächst bereitest du zwei Joghurtbecher vor. Spüle sie aus und male den einen Becher mit schwarzer Farbe, den anderen Becher mit weißer Farbe an. Fülle nun beide Becher mit Wasser und stelle sie nebeneinander in die volle Sonne, beispielsweise auf das Fensterbrett. Miss nach etwa einer Stunde mit einem Badethermometer die Wassertemperatur in beiden Bechern. Das Wasser im schwarzen Becher ist wärmer.

Wie ist das möglich? Die Sonne sendet nicht nur Licht, sondern auch Wärmestrahlen aus. Dunkle Gegenstände saugen buchstäblich die Wärmestrahlen auf. Helle Gegenstände dagegen werfen die Sonnenstrahlen zurück und bleiben kühl. Jetzt weißt du auch, warum du dich im Sommer in heller Kleidung wohler fühlst als in dunklen Sachen.

Köpfchen statt Kraft

Bist du auch schon einmal bei dem Versuch verzweifelt, den festsitzenden Schraubverschluss einer Gemüsekonserve zu öffnen? Mit folgendem Trick geht es das nächste Mal garantiert leichter.

Halte den Deckel einige Sekunde lang unter heißes, fließendes Wasser. Er lässt sich anschließend ohne große Kraftanstrengung aufdrehen.

Warum? Metall dehnt sich beim Erwärmen aus. Glas erwärmt sich langsamer und ist bei Wärme auch weniger stark dehnbar. Der Schraubverschluss weitet sich also unter dem heißen Wasserstrahl ein wenig. Er löst sich von dem darunter liegenden Glas, und die Konserve lässt sich öffnen.

Dampfschiff

Um dieses ausgefallene Wasserfahrzeug werden dich sicher viele beneiden. Denn das Schönste daran ist: Es fährt wirklich von selbst!

Schneide eine kleine Styroporplatte in Form eines Bootes zu (siehe Zeichnung). Setze ein Teelicht in die Mitte der Platte und drücke vier lange Nägel rund um das Teelicht in das Styropor.

Wie schon der Name sagt, wird das Schiff mit Dampf angetrieben. Dazu brauchst du ein rohes Ei und ein dünne Nadel. Stich mit der Nadel das Ei an der spitzen Seite vorsichtig ein. An der stumpfen Seite bohrst du mit der Nadel ein etwas größeres Loch. Wenn du nun durch das kleine Loch

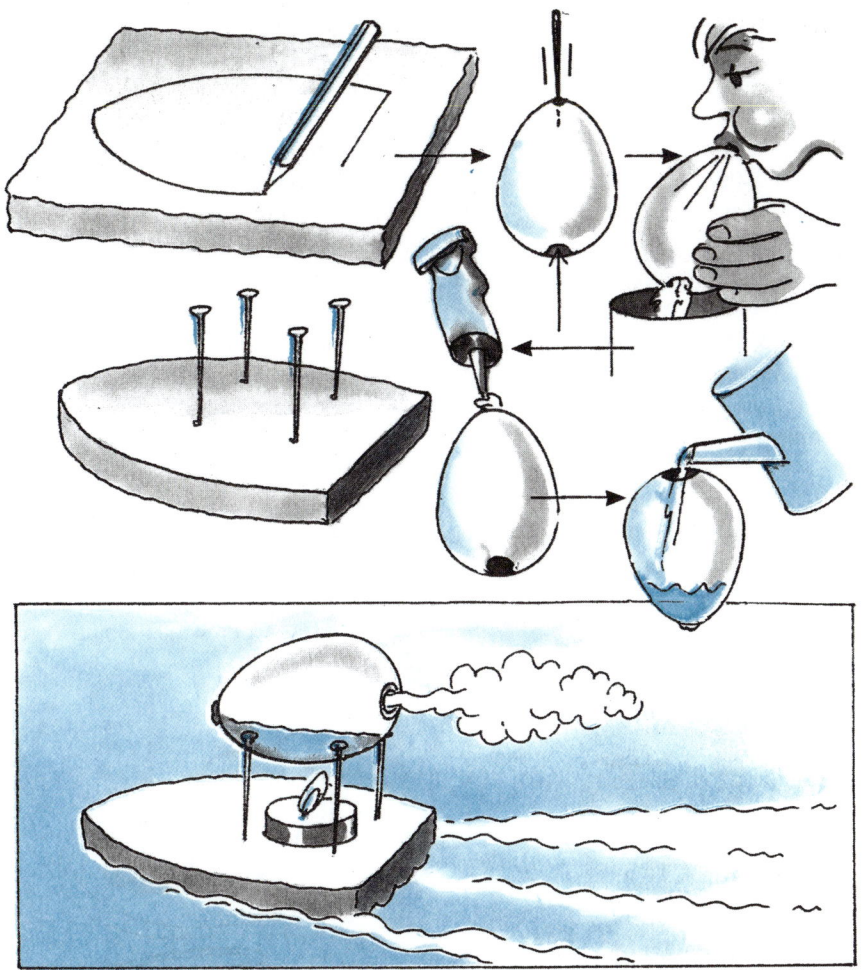

bläst, laufen Eiweiß und Eigelb auf der anderen Seite heraus. Ist das Ei ganz leer, dichtest du das Loch an der Eispitze mit Klebstoff gut ab. Fülle anschließend das Ei etwa zu einem Viertel mit Wasser. Zünde das Teelicht an, und setze das Ei auf die Nägel. Die Seite mit der Öffnung zeigt nach hinten. In kurzer Zeit erhitzt die Flamme das Wasser im Ei. Es bildet sich Wasserdampf der mit großem Druck durch das Loch entweicht. Dieser Dampfstrahl wirkt wie ein Düsenantrieb. Er treibt das Boot durch den Rückstoß vorwärts. Es fährt tatsächlich von selbst.

Klappermünze

Wie kann man eine Münze auf einem Flaschenhals zum Klappern bringen, ohne sie zu berühren? Ganz einfach: Stelle eine leere Flasche für kurze Zeit in den Kühlschrank. In der Zwischenzeit gießt du heißes Wasser in einen Eimer. Lege nun auf den befeuchteten Rand der Flasche eine ebenfalls angefeuchtete Münze und tauche die Flasche bis zum Hals in das heiße Wasser. Nach kurzer Zeit beginnt die Münze zu klappern.

Ein Zaubertrick? Keineswegs. Der Klopfgeist in der Flasche ist warme Luft. Wenn Luft erwärmt wird, dehnt sie sich aus. Die durch das Wasser aufgeheizte Luft in der Flasche kann nur durch den Flaschenhals entweichen. Um herausströmen zu können, drückt sie mehrmals hintereinander die Münze hoch.

Temperaturen schätzen

Glaubst du, dass du mit deiner Hand Temperaturen schätzen kannst? Probiere es aus.

Stelle drei Schüsseln nebeneinander auf einen Tisch. Fülle in die rechte Schüssel heißes und in die linke Schüssel kaltes Wasser. In die mittlere Schüssel kommt lauwarmes Wasser. Tauche deine Hände in die beiden äußeren Schüsseln und lass sie mindestens eine Minute lang im Wasser. Das heiße Wasser darf natürlich nicht zu heiß sein, sonst verbrennst du dir die Finger. Tauche anschließend beide Hände in die mittlere Schüssel mit dem lauwarmen Wasser. Was fühlst du? Eine Hand scheint in heißem, die andere in kaltem Wasser zu stecken, obwohl sie sich in ein und derselben Schüssel befinden.

Zum Schätzen von Temperaturen sind deine Hände offensichtlich ungeeignet. Als sie eine Zeit lang den unterschiedlichen Wassertemperaturen ausgesetzt waren, gewöhnten sich deine Sinnesorgane an diese Empfindungen. Dem plötzlichen Wechsel in das lauwarme Bad konnten sie aber nicht so schnell folgen und leiteten falsche Reize an dein Gehirn weiter.

Wilde Wolke

Bevor du mit diesem Experiment beginnst, musst du erst einige Vorbereitungen treffen.

Fülle einen Glaskrug mit kaltem Wasser und binde einen Faden um den Hals einer kleinen Flasche, die in den Krug hineinpasst. Du musst die Flasche an dem Faden hochziehen können, ohne dass sie hinunterfällt. Verrühre etwas Lebensmittelfarbe in heißem Wasser und gieße es in die kleine Flasche. So, und nun kanns losgehen: Tauche die kleine Flasche in den Glaskrug mit dem kalten Wasser. Lass sie am Faden bis auf den Boden gleiten. Aus der Flaschenöffnung steigt brodelnd eine farbige Wolke zur Wasseroberfläche empor. Es dauert eine ganze Weile, bis sich die Farbe gleichmäßig im Glaskrug verteilt hat.

Wie lässt sich die »wilde Wolke« erklären? Wasser dehnt sich aus, wenn es erwärmt wird. Gleichzeitig wird es leichter und steigt nach oben. Das ist auch der Grund, warum das heiße Wasser in dem Fläschchen sofort emporsteigt. Durch die Farbe kannst du diesen Vorgang gut beobachten.

Flaschenthermometer

Stelle eine leere Weinflasche für kurze Zeit in den Kühlschrank. Bohre vorsichtig mit einer Stricknadel oder einem Handbohrer ein Loch in den Korken und stecke einen Trinkhalm hindurch. Verrühre in einem Viertelliter Wasser Lebensmittelfarbe, bis die Flüssigkeit einen kräftigen Farbton angenommen hat. Gieße nun das gefärbte Wasser in die Weinflasche und verschließe sie mit dem vorbereiteten Korken. Der Trinkhalm muss etwas in die Flüssigkeit hineinragen. Dichte den Korken mit

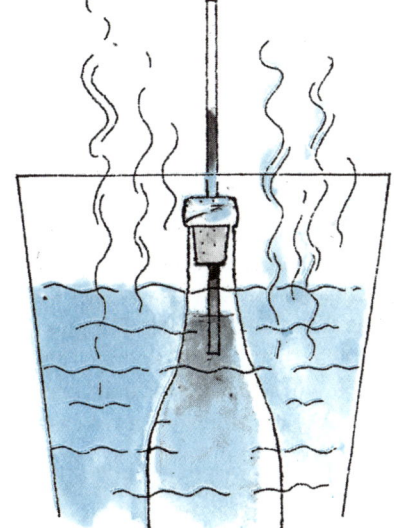

Klebeband ab, aber lass die Öffnung des Trinkhalmes frei.

Tauche dein Flaschenthermometer in einen Eimer mit heißem Wasser. Wenn du die Flasche herausziehst, wirst du bemerken, dass ein wenig Wasser im Trinkhalm hochgestiegen ist.

Die kühle Luft in der Flasche wird durch das heiße Wasser erwärmt und dehnt sich aus. Sie drückt auf das Wasser und gegen die Ränder der Flasche. Doch nur das Wasser kann nachgeben. Es weicht aus, indem es im Trinkhalm emporsteigt.

Guter Leiter

Lege eine alte Zeitung vor dich auf den Tisch. Bedecke sie mit einem Stück Seidenpapier und schiebe eine große Münze zwischen Zeitung und Seiden-

papier. Dann zündest du die Spitze einer Zigarette an, die du dir von deinen Eltern leihst. Drücke das glimmende Ende der Zigarette vorsichtig auf das Seidenpapier. Wenn du die Zigarette wieder wegnimmst, siehst du, dass du ein Loch in das Seidenpapier gebrannt hast.

Nimm die Zigarette nochmals zur Hand und presse sie diesmal genau auf die Stelle des Seidenpapiers, unter der das Geldstück liegt. Jetzt ist das Papier nicht versengt, wenn du die Zigarette wegziehst. Es bleibt höchstens ein kleiner Aschefleck zurück.

Metall ist ein guter Wärmeleiter und überträgt die Hitze sehr schnell. Das Metall der Münze übernimmt die Hitze der glimmenden Zigarette so rasch, dass das Seidenpapier in dieser Zeit nicht die zum Verbrennen notwendige Temperatur erreicht.

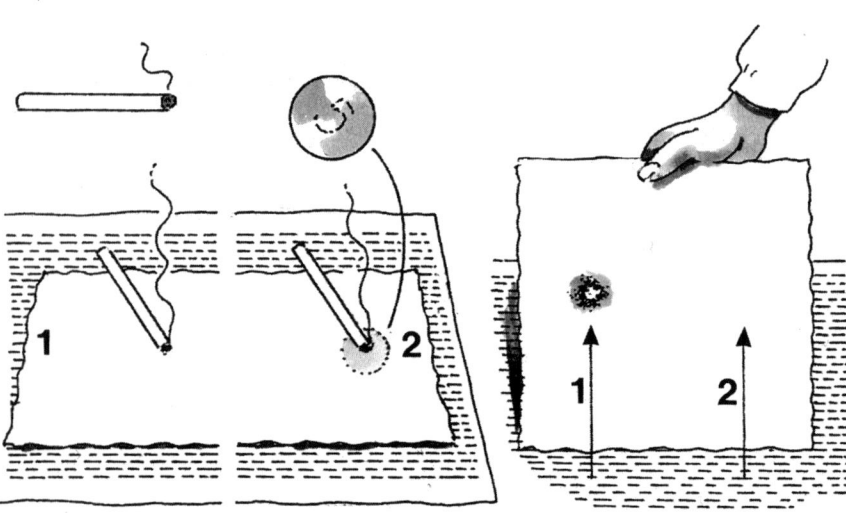

Brand im Wasser

Befestige eine Stumpenkerze auf dem Boden einer Glasschüssel. Zünde dazu die Kerze an und lasse sie brennen, bis sich flüssiges Wachs (Stearin) auf ihrer Oberseite bildet. Kippe das Wachs in die Mitte der Glasschüssel und drücke sofort die Unterseite der Kerze darauf. Gieße nun kaltes Wasser in die Schüssel bis knapp unter den Rand der Ker-

ze. Was passiert, wenn du den Docht anzündest? Löscht das Wasser nach wenigen Minuten die Flamme? Keineswegs. Die Kerze brennt trichterförmig ab. Eine dünne Außenwand bleibt stehen und verhindert, dass der Docht verlöscht.

Das Wasser kühlt das Wachs, sodass die äußere Schicht der Kerze nicht schmilzt. Sie brennt, obwohl die Flamme tiefer als der Wasserspiegel liegt.

Eistest Nr. 1

Hast du dich schon einmal gefragt, was geschieht wenn Wasser gefriert? Mit dem folgenden Experiment kannst du es herausfinden.

Fülle zunächst eine kleine Flasche bis zum Rand mit Wasser und stelle sie aufrecht ins Tiefkühlfach. Wichtig: Die Flasche darf dabei auf keinen Fall verschlossen sein. Nimm sie nach einigen Stunden wieder heraus, und du wirst feststellen, dass aus der Öffnung ein Eiszapfen ragt.

Wenn Wasser gefriert, dehnt es sich aus. Der Eiszapfen, der aus der Flasche ragt, zeigt dir genau den Rauminhalt an, um den sich das Wasser vergrößert hat. Hättest du deine Flasche verschlossen, wäre sie gesprungen. Aus dem gleichen Grund platzen im Winter Wasserrohre, oder es entstehen Straßenschäden, weil gefrierendes Wasser den Asphalt aufbricht.

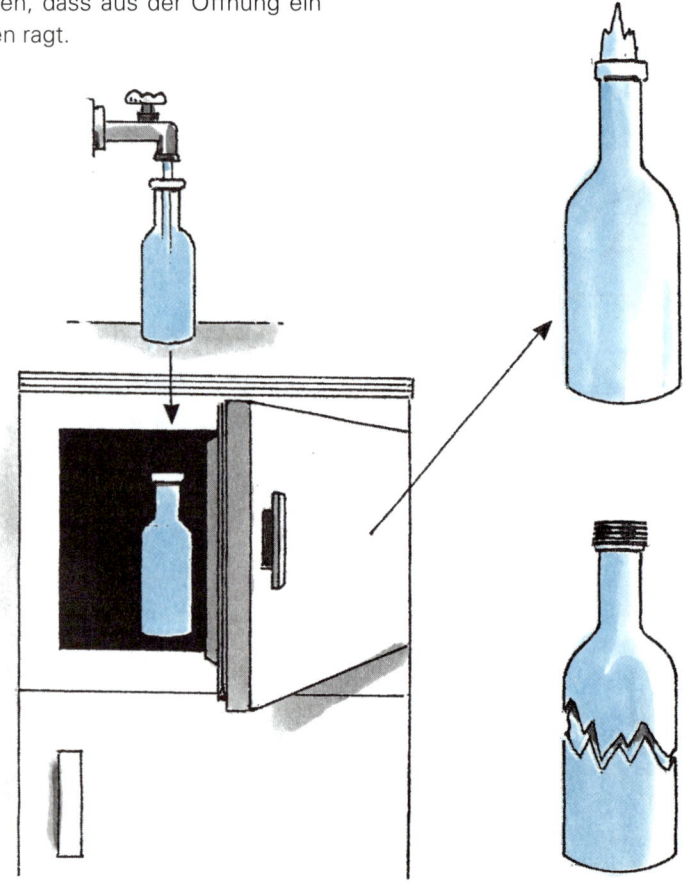

Eistest Nr. 2

Wenn Wasser sein Volumen durch Gefrieren vergrößern kann, ohne dass Masse hinzukommt, muss es also leichter sein als flüssiges Wasser. Das leuchtet ein, nicht wahr?
Stelle nun ein Glas auf ein Blatt Löschpapier. Gib einen Eiswürfel in das Glas und fülle es vorsichtig bis zum Rand mit Wasser auf. Da das Eis leichter als Wasser ist, ragt es über die Wasseroberfläche und den Glasrand hinaus.

Was passiert, wenn das Eis schmilzt? Glaubst du, dass das Glas überläuft? Schaue nach einiger Zeit nach, und du wirst am trockenen Löschpapier erkennen, dass kein Tropfen Wasser übergeflossen ist.
Beim Schmelzen verliert das Eis wieder das Volumen, um das es sich beim Gefrieren gedehnt hat. Das Schmelzwasser füllt dann genau den Raum, den der Eiswürfel im Wasser einnahm. Deshalb verändert sich die Wasserhöhe im Glas nicht.

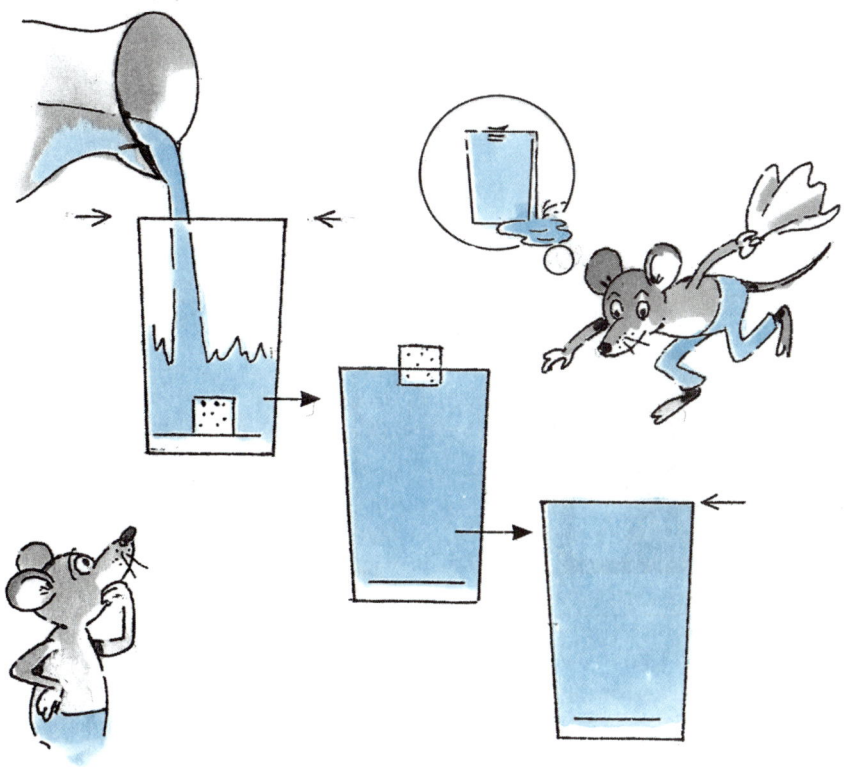

Verblüffendes mit Schall

Wie du sicher weißt, nennt man die Schwingungen der Luftteilchen Schall. Diese Schwingungen breiten sich wie Wasserwellen aus, die entstehen, wenn man einen Stein in einen See wirft. Deshalb ist der Schall nur in einem bestimmten Umkreis der Schallquelle zu hören.

Du kannst Schall selbst erzeugen, indem du dir aus Joghurtbechern, Papier oder Luftballons einfache Instrumente baust, die Töne hervorbringen.

Du kannst aber auch untersuchen, welche Eigenschaften er besitzt, und du wirst feststellen, dass feste Körper Schall besser leiten als Luft. Diese Erkenntnis ermöglicht es dir, ein gut funktionierendes Dosentelefon oder einen Miniaturlautsprecher zu bauen. Wenn du die nächsten Experimente ausprobiert hast, wirst du weitere lustige Gegenstände anfertigen können, die Geräusche erzeugen oder Töne weiterleiten.

Glockenklang

Für diesen verblüffenden Trick benötigst du nur eine etwa ein Meter lange Schnur und zwei Löffel.
Binde in der Mitte der Schnur einen Löffel fest. Wickle beide Schnurenden mehrmals um deine Zeigefinger, lass den Löffel gerade herunterhängen und halte die Finger in die Ohren. Bitte deinen Freund, mit einem zweiten Löffel gegen deinen zu schlagen. Das Geräusch der aneinander stoßenden Löffel klingt in deinen Ohren wie lautes Glockengeläut.
Warum? Ein fester Körper, wie zum Beispiel eine Schnur, leitet Schall bes-ser als Luft. Durch den Schlag wird dein Löffel in Vibrationen versetzt. Er leitet diese Schwingungen über die Schnur und die Finger direkt zu deinem Ohr.

Luftballonpfeife

Mit einem Luftballon kannst du die verschiedenartigsten Töne hervorrufen. Drücke die Öffnung eines normalen Luftballons mit Daumen und Zeigefinger der rechten Hand zusammen. Ziehe das Endstück des Ballons bis zum Daumenballen hinunter. Drücke den rechten Daumen so gegen den linken, dass du die gespannte Luftballonhaut zwischen den beiden Fingern einklemmst. Durch die Form deiner Daumen bleibt in der Mitte ein kleiner Spalt frei. Puste kräftig in diese Öffnung hinein, und du wirst seltsame Töne hören. Je nachdem, wie stark du den Luftballon gespannt hast, hörst du einen tiefen oder einen hohen Pfiff.

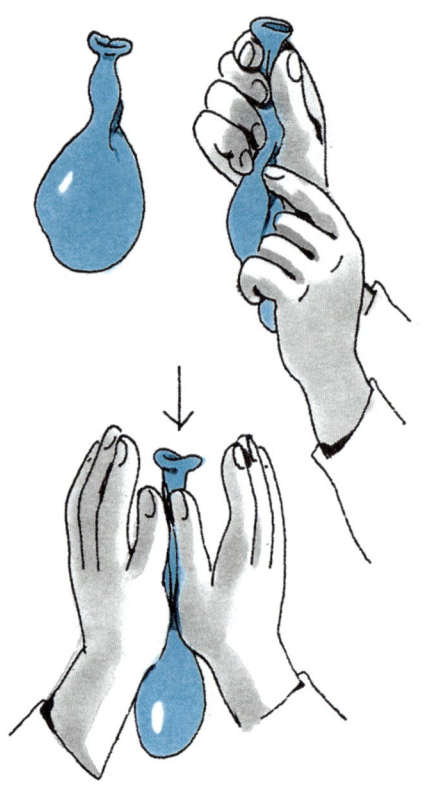

Was passiert, wenn du zwischen deinen Daumen hindurchbläst? Die gespannte Luftballonhaut wird von der beidseitig vorbeistreichenden Luft in Schwingung versetzt. Dadurch erzeugt sie in der Luft Schallwellen, die du als Ton wahrnimmst.

Tipp:

Versuche auch einmal, auf einem Grashalm zu pfeifen. Du wirst Geräusche hören, die ähnlich wie die Warnschreie von Möwen klingen.

Becherhupe

Aus einem normalen Joghurtbecher kannst du dir eine kreischende Hupe basteln. Wie das geht? Ganz einfach: Spüle einen Joghurtbecher aus und reibe ihn trocken. Stich mit einer Nadel in den Boden des Bechers ein kleines Loch und ziehe ein Ende eines etwa ein Meter langen Nähfadens hindurch. Dein Faden sollte besonders reißfest sein. Damit er nicht mehr aus dem Becher herausrutschen kann, verknote das innen aus dem Becher herausstehende Ende mit einem halbierten Streichholz. Fasse nun mit einem in der Mitte gefalteten Kartonstreifen den Faden und ziehe den Streifen mit einem Ruck nach unten. Das dabei entstehende Geräusch lässt deine Freunde zusammenzucken. Je schneller du ziehst und je fester du den Karton zusammendrückst, um so lauter schallt deine Hupe. Probiere verschiedene Fäden sowie unterschiedliche Papier- und Kartonsorten aus. Jedesmal verändert sich der Ton deiner Hupe.

Wie funktioniert dein neues Spielzeug? Der raue Karton bringt den Faden zum Vibrieren. Die Schwingungen übertragen sich auf den Becherboden, der daraus Schallwellen in der Luft erzeugt.

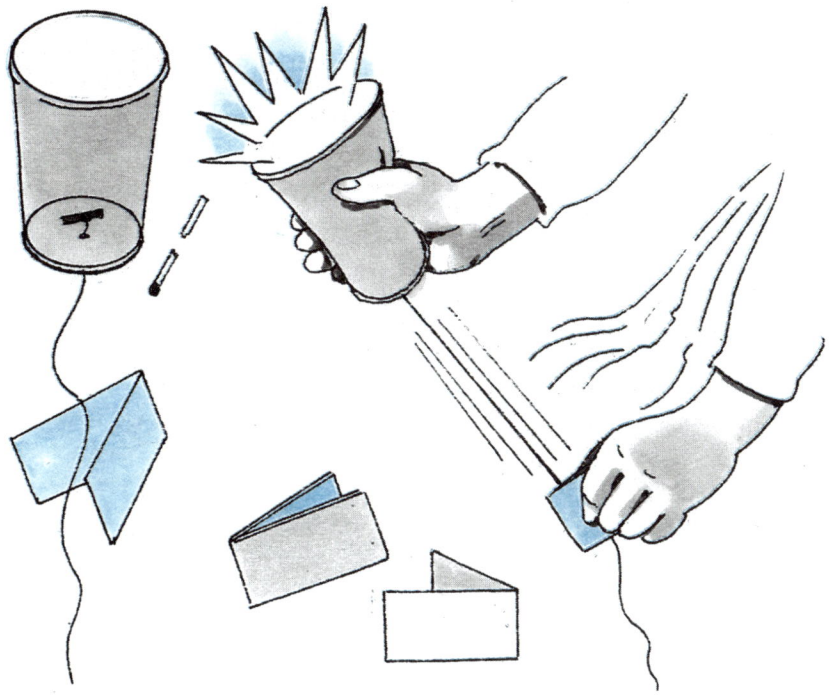

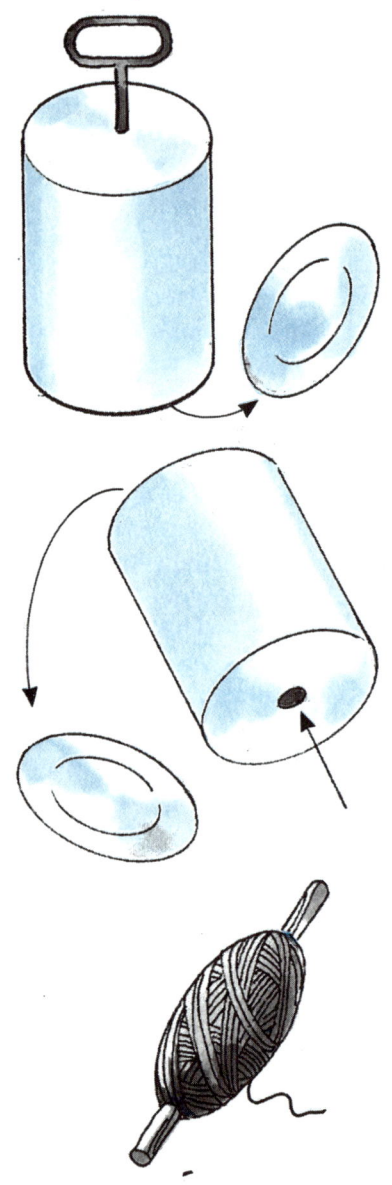

Dosentelefon

Aus zwei leeren Blechdosen und einer langen Schnur kannst du dir dein eigenes Telefon bauen.

Bohre mit einem Dosenöffner (Dorn) je ein Loch in die Mitte der beiden Dosenböden und entferne die Deckel der Blechdosen. Sollten an den Öffnungen scharfe Kanten hervorstehen, schmirgele sie mit Sandpapier ab. Stecke ein Ende einer mindestens zehn Meter langen Schnur durch das Loch der ersten Dose und verknote es von innen. Das andere Ende der Schnur steckst du in die zweite Dose und verknotest es ebenfalls. Gib deinem Freund eine der beiden Dosen. Die andere Dose nimmst du an dich und gehst mit ihr so weit fort, bis die Schnur gespannt ist. Wenn du nun in die Dose sprichst, hört dein Freund deine Stimme. Halte dann die Dose an dein Ohr, und du vernimmst, was dein Freund dir erzählt. Probiert auch aus, wie sich geflüsterte Nachrichten anhören, oder zupft einmal an der Schnur. Der andere hört dann einen lauten, dumpfen Ton.

Wie funktioniert das Dosentelefon? Deine Stimme erzeugt Schallwellen, die den Boden deiner Dose in Schwingungen versetzen. Diese Schwingungen übertragen sich auf die Schnur, laufen an ihr entlang und bringen schließlich den Dosenboden deines Freundes zum Vibrieren.

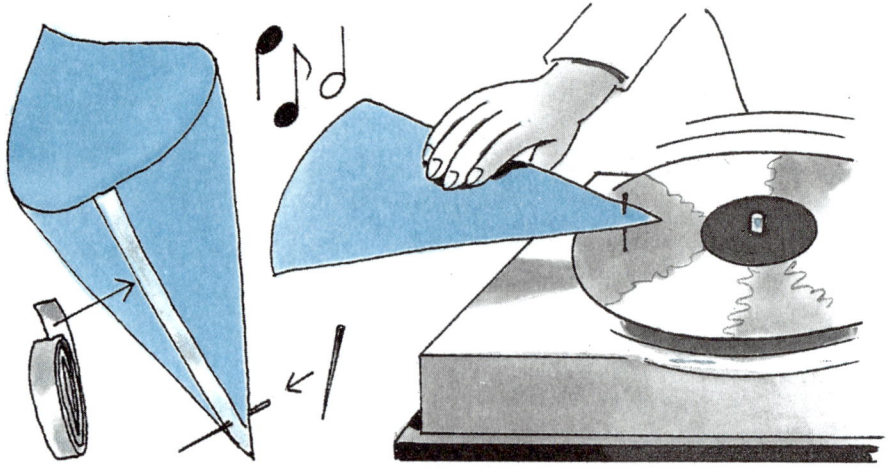

Wundertüte

Hättest du gedacht, dass aus einer Tüte Musik erklingen kann? Mache folgendes Experiment und lass dich überraschen.

Schneide ein quadratisches Stück Papier mit einer Seitenlänge von 30 Zentimetern zu. Rolle das Papier zu einem Trichter auf und fixiere die offene Kante mit Klebeband. Stich eine Nähnadel durch die Spitze des Trichters. Die Nadel soll quer im Trichter stecken. Lass nun eine alte Schallplatte auf einem Plattenspieler laufen, stelle den Ton ab und senke die Nadel im Papiertrichter vorsichtig in die Schallplattenrille. Übe nur leichten Druck mit deiner Hand aus, dann wirst du Musik oder Worte aus dem Trichter hören.

Wie ist das möglich? In der kreisrunden Schallplattenrille wird die Nadel in Schwingungen versetzt. Sie überträgt diese Schwingungen auf den Papiertrichter, der wie ein Lautsprecher wirkt. Nach diesem Prinzip funktionierten auch die alten Grammophone, die aufgezogen werden mussten, da sie keinen Stromanschluss hatten. Auch sie besaßen einen Trichter als Ersatz für die heutigen Lautsprecher.

Tipp:
Wiederhole diesen Versuch mit einem leeren Joghurtbecher. Stich eine Nähnadel in die Mitte des Becherbodens und lass sie ebenfalls sanft auf die sich drehende Platte sinken. Wie hören sich die Töne diesmal an?

Gewaltige Geräusche

Spanne ein Stück Pergamentpapier über die Öffnung eines Trichters und befestige das Papier an den Seiten mit Klebeband. Stecke dann den Trichter auf das Ende eines kurzen Schlauchstückes. Damit der Trichter nicht mehr vom Schlauch herunterrutschen kann, umwickle den Stiel und das Schlauchende mit Klebeband. Halte den Trichter so, dass die mit Pergamentpapier bezogene Öffnung nach oben zeigt. Das offene Schlauchende hältst du an dein Ohr. Wenn nun dein Freund einen kleinen Käfer auf dem Pergamentpapier laufen lässt, hörst du so gewaltige Geräusche, als ob ein riesiger Elefant durch den Urwald stapfe.

Das Papier gerät durch die winzigen Trippelschritte der Käferbeine in Schwingung und leitet durch den Schlauch die kräftigen Geräusche an dein Ohr weiter. Es arbeitet dabei nach dem gleichen Prinzip wie das Fell einer Trommel.

Knalltüte

1. Falte einen DIN-A4-Bogen Pergamentpapier an der gestrichelten Linie in der Mitte und öffne die Faltung wieder.

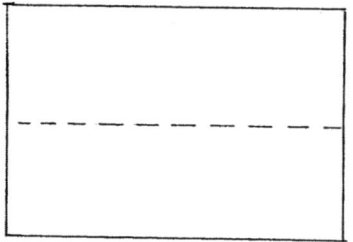

4. ...klappe die rechte Spitze an der gestrichelten Linie nach links. Öffne die letzte Faltung wieder.

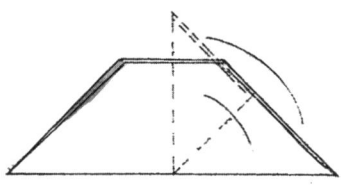

2. Klappe an den Markierungen die Ecken auf die waagerechte Mittellinie.

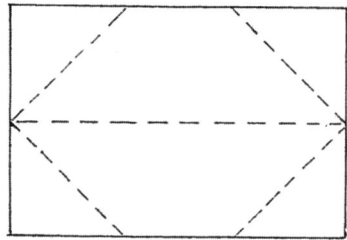

5. Knicke an den gestrichelten Linien...

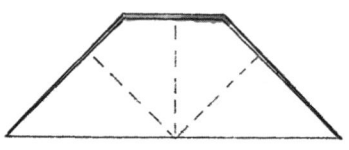

3. Falte die untere Hälfte der Figur in der Mitte nach oben und...

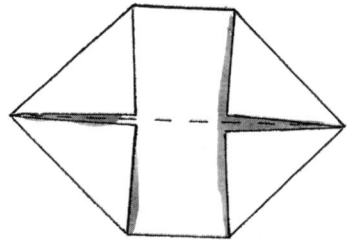

6. ...die beiden unteren Spitzen nach oben.

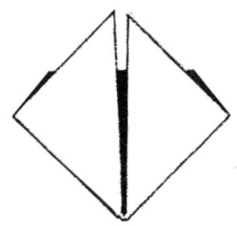

7. Drehe die Figur um.

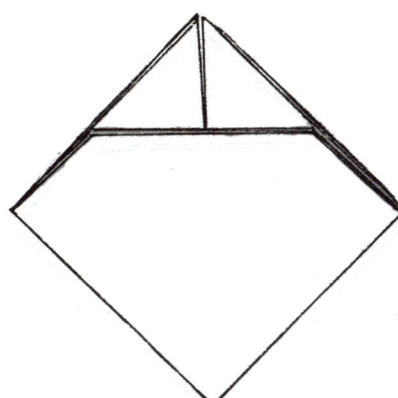

9. Fasse die Knalltüte an den beiden oberen Spitzen. Halte die Tüte waagerecht und schleudere sie mit einem Ruck nach unten. Dabei schnellt die innen liegende Ecke mit einem lauten Knall nach außen. Wenn du noch einmal knallen möchtest, drücke einfach die Ecke wieder zurück und wiederhole die Schleuderbewegung.

8. Klappe die linke Hälfte der Form auf die rechte Hälfte.

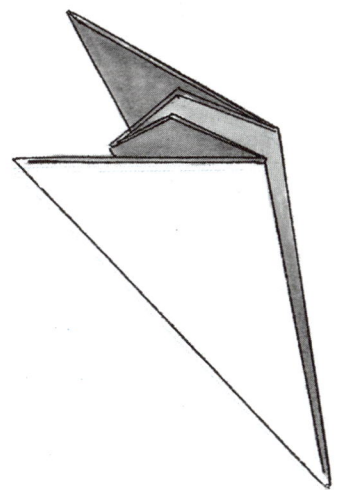

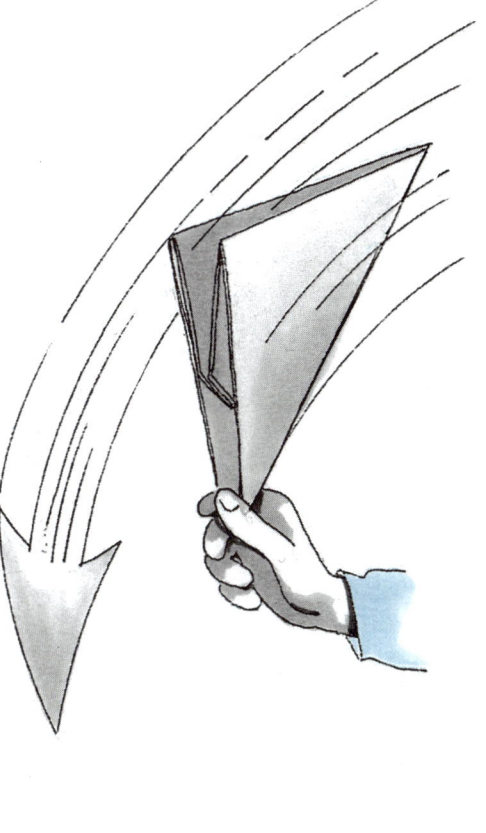

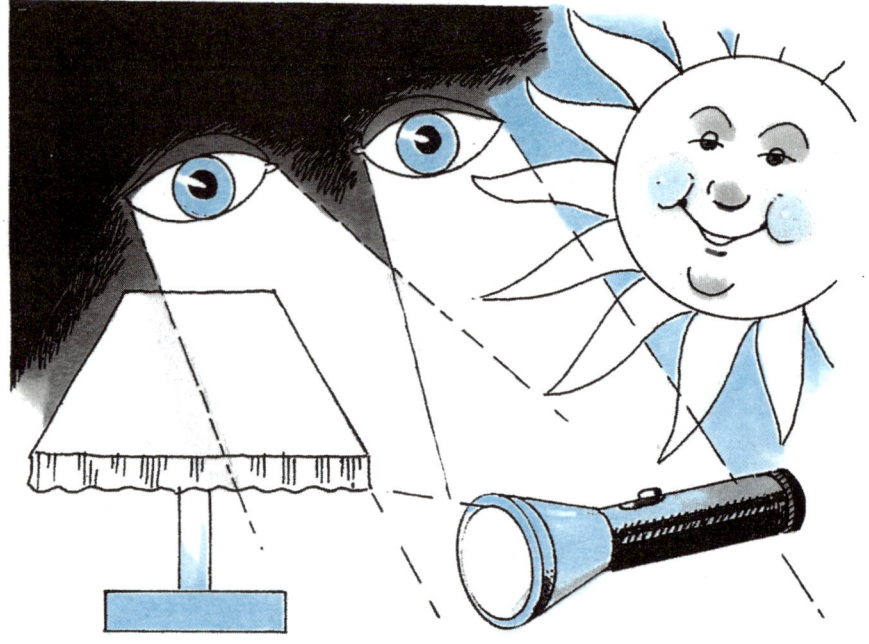

Spiele mit Licht

Ohne Licht können wir nichts sehen. Unsere wichtigsten Sinnesorgane, die Augen, vermitteln uns optische Eindrücke, weil sie auf Licht reagieren. Was aber ist Licht? Woraus besteht es? Wie arbeiten unsere Augen? Wenn du dir solche Fragen stellst, dann musst du die nächsten Seiten lesen. Du wirst erfahren, dass man Farben nicht nur im Malkasten, sondern auch durch Bewegungen vermischen kann. Du wirst deine Augen überlisten und ein Bild sehen, das es überhaupt nicht gibt. Und auch den umgekehrten Fall wirst du erleben. Du wirst einen Bildteil nicht erkennen können, obwohl Licht auf ihn fällt.

Vielleicht hast du auch Lust, dir eine einfache Kamera zu bauen. Oder möchtest du dir lieber einen Spiegelkasten herstellen, mit dem man um die Ecke schauen kann.

Die folgenden Versuche werden einige deiner Fragen beantworten und dir zeigen, dass Wissenschaft sehr spannend sein kann.

Verschwundener Schlüssel

Es ist wie verhext. Herr Müller verliert ständig seine Schlüssel. Wetten, dass auch du den abgebildeten Schlüssel gleich nicht mehr sehen wirst? Lege das Buch etwa 30 Zentimeter von deinen Augen entfernt auf den Tisch und betrachte das Bild. Schließe nun das linke Auge und blicke mit dem rechten starr auf die Hand des Herrn Müller. Wenn du den Kopf langsam auf die Zeichnung zu bewegst, verschwindet plötzlich der Schlüssel. Um zu verstehen, was hier passiert, musst du wissen, wie deine Augen funktionieren. Damit du etwas sehen kannst, befinden sich im Inneren der Augen, auf der Netzhaut, die so genannten Zapfen und Stäbchen. Die Zapfen nehmen Farben wahr. Sie funktionieren bei hellem Licht. Die Stäbchen reagieren auf Helligkeitsunterschiede, aber nicht auf Farben. Sie arbeiten bei Dämmerlicht. An einer Stelle der Netzhaut fehlen Zapfen und Stäbchen. Hier zieht der Sehnerv ins Gehirn. Lichtstrahlen, die auf diesen so genannten blinden Fleck fallen, kannst du deshalb nicht sehen.

Licht und Schatten

Diesen Versuch führst du am besten abends durch. Lösche sämtliche Lichtquellen bis auf eine Lampe in deinem Zimmer und stelle einen Trinkbecher so in das schräg einfallende Licht, dass sich der Boden des Bechers gerade noch im Schatten befindet. Lege eine Münze an den äußeren Rand des Schattens im Becher. Frage nun deine Freunde, ob einer von ihnen es schafft, die Münze aus dem Schatten zu holen, ohne die Münze, den Becher oder die Lampe zu berühren.

Die Lösung ist denkbar einfach. Fülle den Becher langsam mit Wasser. Dadurch werden die von der Lampe kommenden Lichtstrahlen beim Eintreffen ins Wasser in einem steileren Winkel zum Becherboden hin gebrochen. Der Schatten gibt die Münze frei.

Löwen drehen

Pause zunächst den Löwen von der Vorlage auf ein Blatt weißen Zeichenkarton ab. Lege dazu ein Stück Pergamentpapier auf die Zeichnung und ziehe mit einem Bleistift die Linien nach. Kontrolliere, ob du sämtliche Striche übernommen hast, und entferne das Papier von der Vorlage. Lege nun auf den weißen Zeichenkarton ein Blatt Kohlepapier mit der färbenden Seite nach unten und darauf das Pergamentpapier. Ziehe nochmals die Linien nach. Damit hast du den Löwen auf den Zeichenkarton übertragen. Stelle das Bild senkrecht hin und frage deine Freunde, ob sie die Wildkatze dazu bringen können, in die entgegengesetzte Richtung zu laufen. Der einzige Haken: Sie dürfen den Karton nicht berühren.

Des Rätsels Lösung: Fülle ein Glas mit Wasser und stelle es in einem Abstand von etwa 10 Zentimeter vor die Zeichnung. Wenn du durch das Wasser auf den Löwen blickst, wirst du feststellen, dass er in die andere Richtung läuft. Das Glas und das Wasser wirken wie eine Linse, die das dahinter liegende Bild umgedreht wiedergibt.

Tipp:

Wenn du diesen Trick vorführen möchtest, aber die Zeichnung nicht bei dir hast, male einfach einen waagerechten Pfeil auf ein Blatt Papier Auch der Pfeil wird sich umdrehen, wenn du ein mit Wasser gefülltes Glas vor ihn hältst.

Verschwundene Münze

Hier eine optische Täuschung, die dich sicher verblüffen wird. Probiere sie erst selbst aus und überrasche dann deine Freunde damit.

Lege eine Münze auf ein weißes Blatt Papier und stelle ein leeres Marmeladenglas mit einem gewölbten Boden auf die Münze. Es sieht jetzt so aus, als würde das Geldstück nicht unter dem Glas, sondern im Glas liegen. Wenn du nun Wasser in das Glas füllst und den Deckel daraufschraubst, ist die Münze verschwunden.

Ein Zaubertrick? Keineswegs. Zunächst gelangen die von der Münze kommenden Lichtstrahlen wie üblich in unsere Augen. Sie werden von dem über ihr stehenden Glas nicht beeinträchtigt. Sobald du aber das Glas mit Wasser füllst, werden die Strahlen am Glasboden zurückgeworfen. Der Boden glänzt wie eine undurchsichtige, silberne Metallfläche. Diese so genannte »Totalreflexion« nimmst du nur wahr, wenn du schräg in das Glas schaust. Von oben ist die Münze nach wie vor sichtbar. Deshalb vergiss nicht, den Deckel auf das Glas zu setzen.

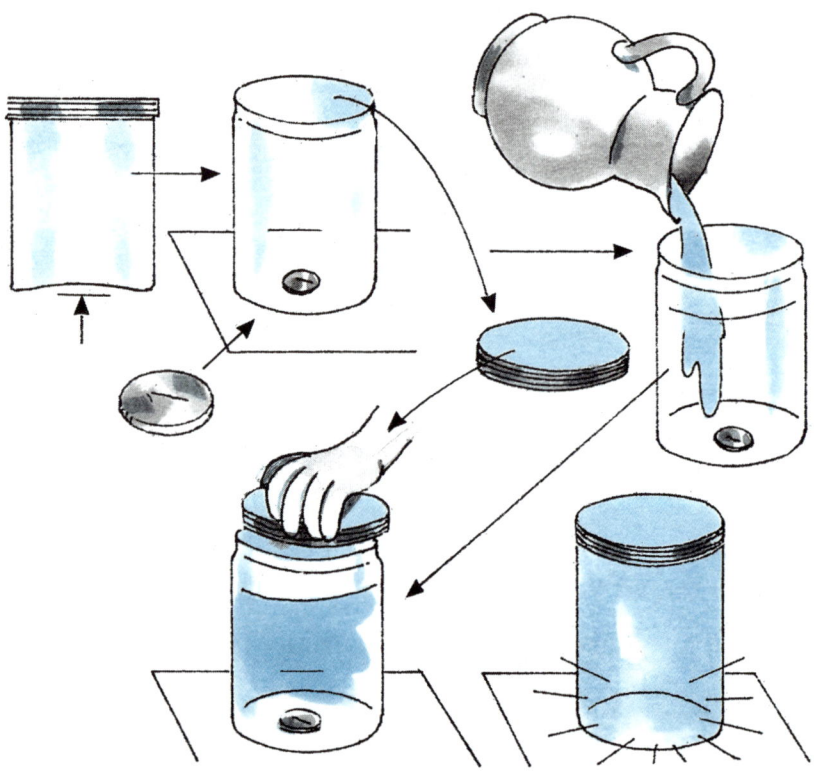

Farbwunder

Wie du sicher weißt, lassen sich Farben mischen: Aus Gelb und Blau wird Grün, aus Blau und Rot entsteht Violett, und aus Rot und Gelb wird Orange. Hättest du aber gedacht, dass diese Farben zusammengesetzt Weiß ergeben? Mache folgenden Versuch, dann kannst du es selbst sehen.

Schneide aus Fotokarton einen Kreis von etwa 15 Zentimetern Durchmesser aus und unterteile ihn in sechs gleiche Felder. Jedes Feld beklebst du, wie auf der Zeichnung zu sehen, mit einer an-

deren Farbe aus gummiertem Glanzpapier. Klebe nun genau in die Mitte des Kreises einen Knopf mit zwei gegenüberliegenden Löchern. Steche mit einer Nadel in die beiden Löcher und durchbohre an diesen Punkten die darunter liegende Pappscheibe. Ziehe einen etwa 1 Meter langen Zwirnsfaden durch die Löcher und verknote ihn an den Enden. Der Faden darf nicht verdreht sein.

So, und nun kanns losgehen: Halte den Faden gespannt zwischen deinen beiden Händen, die Scheibe sitzt in der Mitte. Schwinge sie etwa zehnmal im

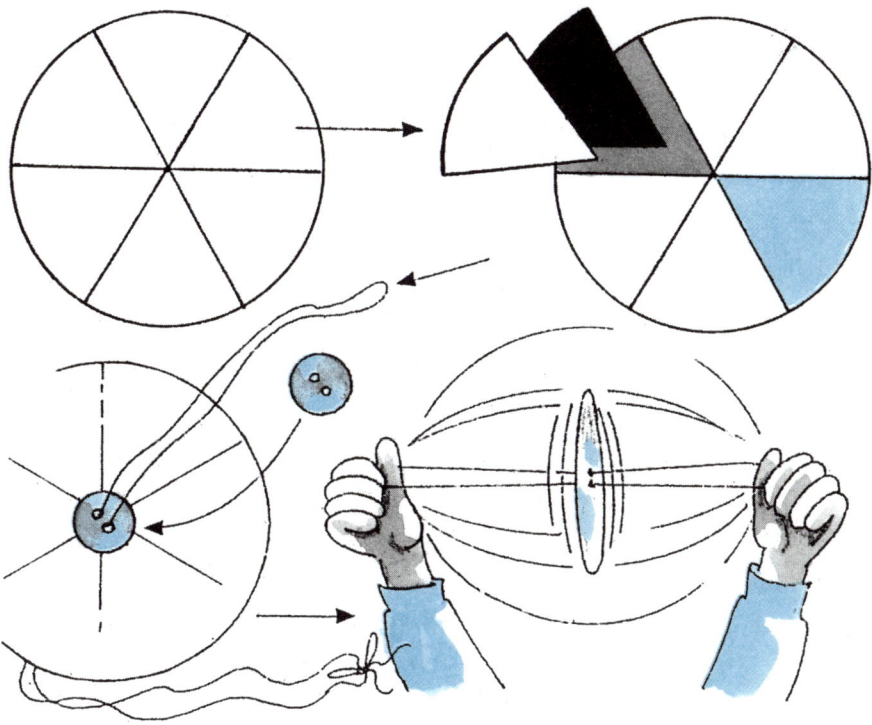

Kreis herum, sodass sich der Faden verdrillt. Wenn du nun die Enden auseinander ziehst, beginnt sich die Scheibe zu drehen. Lass den Faden abwechselnd locker und ziehe ihn wieder an. Deine Scheibe wird wie von einem Schwungrad angetrieben kreiseln. Ab einer bestimmten Geschwindigkeit verschwinden die Farben, und die Scheibe sieht weiß aus. Wie ist das möglich? Aus den Farben deines Pappkreises setzt sich auch das weiße Tageslicht zusammen. Man nennt sie »Spektralfarben«. Dir erscheint die sich drehende Scheibe weiß, weil sich die wechselnden Farbeindrücke auf der Netzhaut deiner Augen überdecken.

Schöne Bilder im Kaleidoskop

Beklebe ein 14 x 20 Zentimeter großes Stück Zeichenkarton mit Aluminiumfolie. Unterteile den Karton der Länge nach in vier 3,5 Zentimeter breite Felder. Falze die Linien mit einer stumpfen Bleistiftspitze entlang eines Lineals und knicke den Karton zu einer dreikantigen Röhre. Die glänzende Folienseite liegt innen. Klebe die Röhre an der offenen Längskante zusammen. Stelle sie mit einer Seite hochkant auf ein Stück weißes Schreibpapier und zeichne mit einem Bleistift die Umrisse nach. Schneide das Dreieck aus Papier aus und befestige es mit Klebeband an einer der beiden Öffnungen der Röhre. Streue ein paar farbige Papierschnitzel in dein Kaleidoskop und schaue hinein.

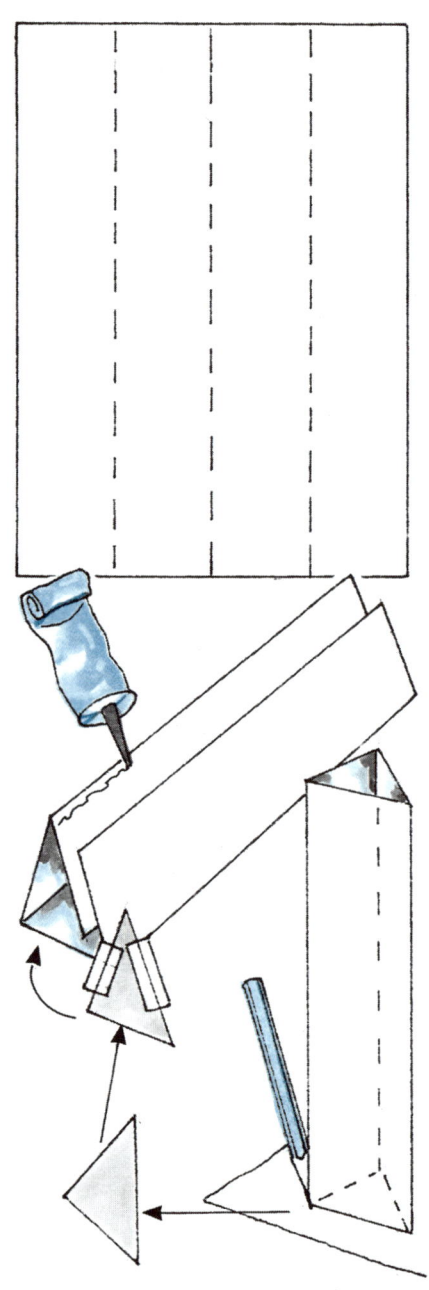

Statt einer dreieckigen Bodenfläche
mit farbigen Zeichen siehst du sechs
Dreiecke, die ein eigenartig geordnetes
Muster zeigen. Wenn du dein Kaleidoskop leicht schüttelst, ordnen sich die
Papierschnitzel zu immer neuen, schönen Mustern.

Katze im Fenster

Übertrage die zwei Vorlagezeichnungen auf einen Bogen weißen Zeichenkarton und schneide sie, wie abgebildet, kreisförmig aus. Das Katzen- und das Fenstermotiv müssen sich jeweils im Mittelpunkt der Kartonscheiben befinden. Bestreiche die Scheiben auf der Rückseite mit Klebstoff, drücke auf eine der Scheiben einen Bleistift und klebe die andere dagegen. Achte darauf, dass die Kartonscheiben genau aufeinander liegen. Wenn du nun den Stift senkrecht hältst und ihn zwischen deinen beiden Handflächen rollst, siehst du die Katze im Fenster sitzen.

Wie ist es möglich, dass zwei verschiedene Zeichnungen scheinbar zu einem einzigen Motiv zusammenfließen? Unsere Augen sind nicht in der Lage, mehr als zwölf getrennte Bilder in der Sekunde wahrzunehmen. Während du die Katze anblickst, wirkt auf deiner Netzhaut noch das soeben gesehene Bild des Fensters nach. Du siehst beide Zeichnungen gleichzeitig. Wenn deine Augen eine Reihe von Bildern, die die Phasen eines Bewegungsablaufes zeigen, sehr kurz hintereinander wahrnehmen, siehst du eine Bewegung. Auf diesem Prinzip basieren auch die Filme im Kino. Pro Sekunde werden hier 24 Bilder auf die Leinwand geworfen.

Periskop

Ein Periskop ist im Grunde genommen nichts anderes als ein Kasten, mit dem man um die Ecke schauen kann. Die Besatzungen von Unterseebooten benutzen beispielsweise Periskope, um ohne aufzutauchen aus dem Wasser blicken zu können. Du kannst dir aus einer leeren Milchtüte selbst ein Periskop bauen.

Spüle eine Milchtüte sorgfältig aus und lasse sie trocknen. Schneide in zwei gegenüberliegende Seiten je ein viereckiges Guckloch. Das erste Loch sitzt am unteren Ende und das zweite Loch am oberen Ende der Tüte. Öffne die obere Seite der Milchtüte und befestige mit Klebeband zwei kleine Taschenspiegel an den Innenwänden. Die Spiegel müssen in einem Winkel von 45 Grad angebracht sein und sich gegenseitig die Spiegelseite zuwenden (siehe Zeichnung). Nun brauchst du nur noch die Tüte oben zu verschließen und durch eines der Gucklöcher zu schauen.

Wie funktioniert dein Periskop? Das einfallende Licht wird vom oberen Spiegel auf den unteren geworfen.

Deshalb kannst du mit deinem Periskop über eine Mauer blicken, die zu hoch für dich ist, oder um eine Zimmerecke schauen.

Einfache Kamera

Hast du Lust, noch einen weiteren Kasten zu bauen, mit dem du etwas Außergewöhnliches sehen kannst? Diesmal stellst du aus einer einfachen Blechdose die Urform des modernen Fotoapparates her.

Entferne zunächst den Deckel einer leeren und sauberen Konservendose. Sollten an der Öffnung scharfe Kanten überstehen, schmirgele sie mit Sandpapier ab. Schneide dann aus Transparentpapier einen passenden Kreis zu und spanne ihn mit einem Gummiring über die Dosenöffnung. Bohre mit einem Öffner (Dorn) ein Loch in die Mitte des Dosenbodens. Wenn du nun die Blechdose mit der Lochseite nach vorn auf einen sonnenbeschienenen Gegenstand, zum Beispiel ein Haus, richtest, siehst du hinten auf dem Transparentpapier das Bild dieses Hauses. Es steht allerdings auf dem Kopf und ist seitenverkehrt. Besonders gut siehst du das Bild, wenn du aus einem dunklen Zimmer durch ein Fenster ins helle Tageslicht schaust. Mit einem weichen Bleistift kannst du das Bild vorsichtig auf das Transparentpapier abzeichnen. Ein nach dem gleichen Prinzip gebauter Kasten, die so genannte »camera obscura«, diente jahrhundertelang als Zeichenhilfe. Aus diesem Gerät wurde später der Fotoapparat entwickelt.

Wenn du deine Kamera auch draußen benutzen willst, musst du dir ein Zusatzteil bauen. Forme ein Stück schwarzen Fotokarton zu einem Trichter. Das Ende mit dem größeren Durchmesser soll genau auf die Öffnung der Dose passen. Befestige den Trichter auf der mit dem Transparentpapier bespannten Dosenseite und schaue durch das Guckloch. Das Bild auf dem Transparentpapier ist besser und heller geworden.

Unsere Augen funktionieren ähnlich wie diese Kamera. Lichtstrahlen fallen von außen durch die Pupille und die Linse auf die Augenrückwand, die »Netzhaut«. Auf der Netzhaut erscheint das Bild auf dem Kopf stehend und seitenverkehrt. Sehzellen der Netzhaut leiten über den Sehnerv ihre Informationen an das Gehirn weiter. Hier wird das Bild wieder umgedreht und zu einem Seheindruck verarbeitet.

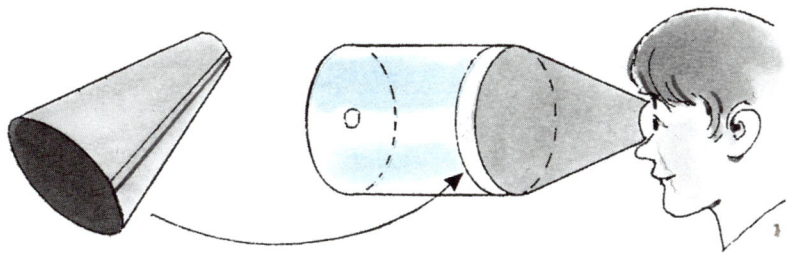

Regenbogen auf Karton

Das Sonnenlicht erscheint farblos, obwohl es aus einer Mischung verschiedener Farben besteht. Du kannst diese Farben erkennen, wenn bei Regen gleichzeitig die Sonne scheint und ein Regenbogen sichtbar wird. Mit einer Schüssel Wasser, einem Spiegel und einem Stück weißen Karton bist du bei Sonnenschein in der Lage, dir ein Stück Regenbogen ins Haus zu holen.

Stelle die mit Wasser gefüllte Schüssel an eine Stelle, auf die die Sonne scheint. Setze den Spiegel ins Wasser und lehne ihn schräg gegen den Rand der Schüssel. Dann drehst du die Schale so, dass das Sonnenlicht direkt auf den Spiegel fällt. Halte ein Stück weißen Karton senkrecht vor den Spiegel und richte die Pappe so lange aus, bis auf ihr die sieben Farben des Regenbogens erscheinen: Violett, Dunkelblau, Hellblau, Grün, Gelb, Orange und Rot.

Das auf das Wasser und den Spiegel auftreffende weiße Sonnenlicht wird in unterschiedlichem Maße gebrochen und löst sich dadurch in die Farben des Spektrums auf. Dem englischen Wissenschaftler Isaac Newton (1643–1727) gelang es als Erstem, mit

einem so genannten »Prisma« die sieben Farben des Sonnenlichtes sichtbar zu machen.

Licht im Glas

Verrühre in einem mit Wasser gefüllten Glas einen Teelöffel Milch. Die Flüssigkeit sollte nur schwach getrübt sein. Lass den Strahl einer Taschenlampe seitlich in das Glas hineinfallen. Die Flüssigkeit verfärbt sich leicht bläulich. Halte nun die Taschenlampe von hinten gegen das Glas, sodass du durch die Flüssigkeit von vorn in den Strahl siehst. Jetzt erscheint die Milch-Wasser-Mischung rötlich.

Wie ist das möglich? Das Licht der Taschenlampe wird an den kleinen Fetttröpfchen der Milch gestreut. Dabei werden die blauen Anteile des Lichtes stärker gestreut als die roten. Schaust du dagegen durch die Flüssigkeit direkt in die Lichtquelle, erkennst du nur den übrig gebliebenen rötlichen Anteil. Die Wasseranteile im Glas entziehen dem Licht so viel Blau und Grün, dass nur Rot übrig bleibt.

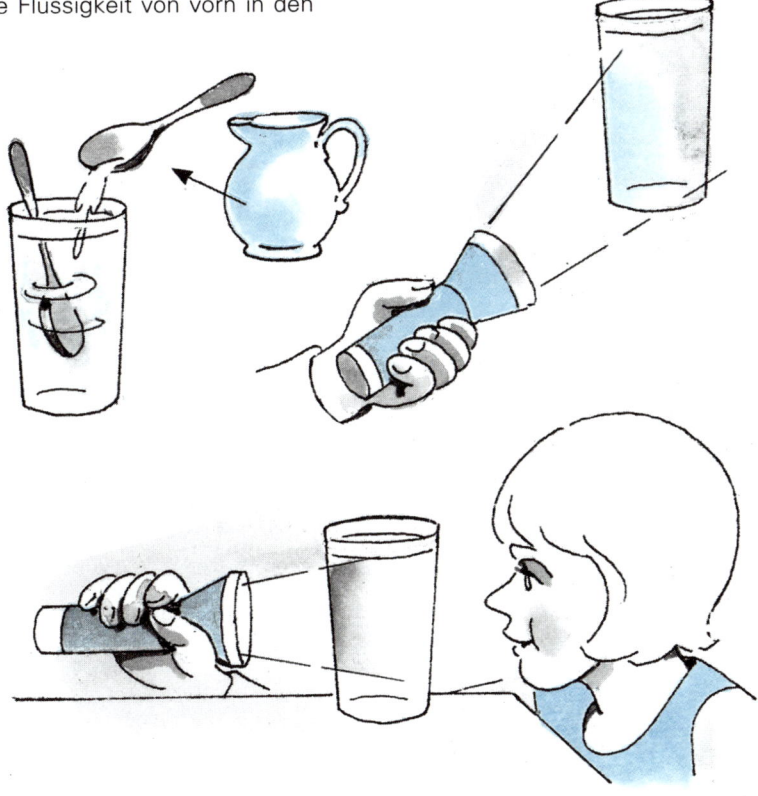

Versuche mit Bewegung

In diesem Kapitel geht es darum, wie und warum Gegenstände sich bewegen. So wollen beispielsweise Körper, die sich in Ruhestellung befinden, nicht bewegt werden, während Körper, die sich bewegen, nicht ruckartig zur Ruhe kommen wollen. Diese Eigenschaft nennt man »Trägheit«.

Die folgenden Experimente zeigen dir, wie du die Trägheit für kleine Zauberkunststücke nutzen kannst oder wie sich mit dieser Erkenntnis rohe Eier von gekochten unterscheiden lassen. Außerdem erfährst du, wie du Energie speichern und wieder freisetzen kannst. Das Ergebnis ist eine Zauberdose, die von selbst zurückrollt.

Auch findest du hier die Anleitung für den Bau eines Windrads und für ein Jo-Jo aus Knöpfen.

Natürlich kannst du alle diese Versuche allein ausführen. Einige Tricks lassen sich aber auch gut zusammen mit Freunden ausprobieren.

Eier-Roulette

Zum Glücksspiel sollst du hier natürlich nicht verführt werden. Stattdessen kannst du mit diesem einfachen Versuch rohe von gekochten Eiern unterscheiden, ohne sie aufzuschlagen. Lege ein rohes und ein gekochtes Ei vor dich auf den Tisch und bringe beide Eier zum Drehen. Stoppe die Eier kurz darauf mit den Händen ab und lasse sie sofort wieder los. Das gekochte Ei bleibt ruhig liegen, während das rohe ein wenig weiterrotiert.

Wie lässt sich das erklären? Der flüssige Inhalt des rohen Eies will im Zustand der Bewegung beharren. Sein Drehung lässt sich durch kurzfristiges Abbremsen nicht völlig unterbrechen.

Knopfspiel

Aus zwei gleich großen, flachen Knöpfen und ein wenig Nähgarn kannst du dir ein kleines Jo-Jo herstellen.
Fädle einen Faden Nähgarn durch die Öse einer Nähnadel. Halte die Knöpfe mit der Rückseite aneinander und nähe sie zusammen. Ziehe dazu den Faden mehrmals durch die Löcher, lass dabei das Fadenende lose hängen und verknote es zum Schluss mit dem Anfang des Fadens. Lege nun das Ende eines etwa ein Meter langen Fadens in die Rille zwischen den Knöpfen und verknote es ebenfalls. Wickle den Faden bis auf ein kleines Reststück fest auf, fasse das überstehende Ende und lass das Knopf-Jo-Jo fallen. Sobald es unten anschlägt, ziehe mit einem kurzen Ruck an dem Faden, und das Jo-Jo steigt wieder nach oben. Es wickelt dabei den Faden auf. Am höchsten Punkt angekommen, fällt es wieder nach unten. Mit etwas Geschicklichkeit kannst du dieses Spiel solange du möchtest wiederholen.

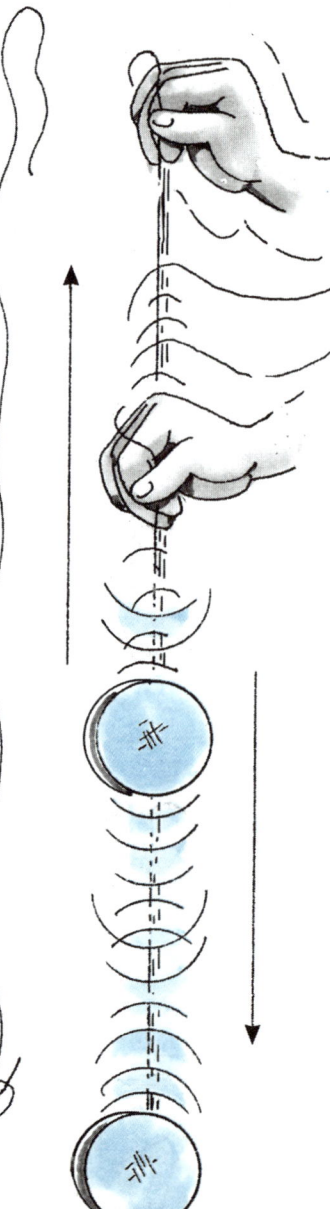

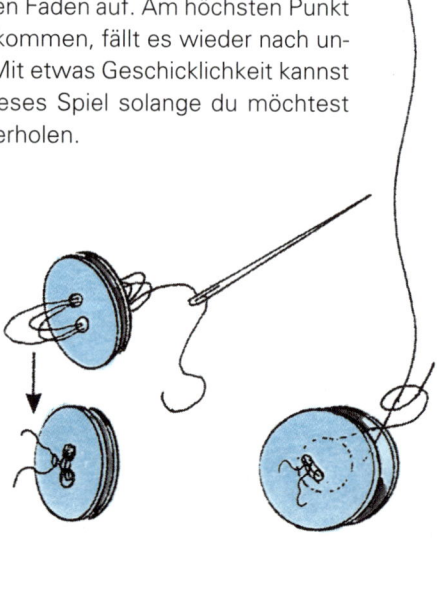

Knopf mit Drehwurm

Hier ist noch ein witziges Geschicklichkeitsspiel, für das du nur einen großen, flachen Knopf mit zwei gegenüberliegenden Löchern und einen festen Zwirnsfaden benötigst.

Ziehe den etwa ein Meter langen Zwirnsfaden durch die beiden Löcher des Knopfes und verknote ihn an den Enden. Achte darauf, dass sich der Faden nicht verdreht. Halte nun den Faden gespannt zwischen deinen Händen und schiebe die Scheibe in die Mitte. Schwinge sie etwa zehnmal im Kreis herum, sodass sich der Zwirn verdrillt. Wenn du die Hände auseinander ziehst, beginnt sich der Knopf zu drehen. Lass den Faden abwechselnd locker und ziehe ihn wieder an. Der Knopf folgt deinen Bewegungen und kreiselt, je nachdem wie fest du ziehst, schneller oder langsamer. Versetzt du ihn in besonders schnelle Drehungen, kannst du sogar ein surrendes Geräusch hören.

Schwungräder in Maschinen arbeiten nach dem gleichen Prinzip wie dein Knopf. Du hast vielleicht schon einmal eine alte Nähmaschine mit Tretantrieb gesehen. Wenn du das Pedal trittst, versetzt du ein an der Seite der Maschine angebrachtes Schwungrad in Drehung. Dieses Rad gibt die Energie an die Nähmaschine weiter, die nun ihrerseits die Nähnadel bewegt.

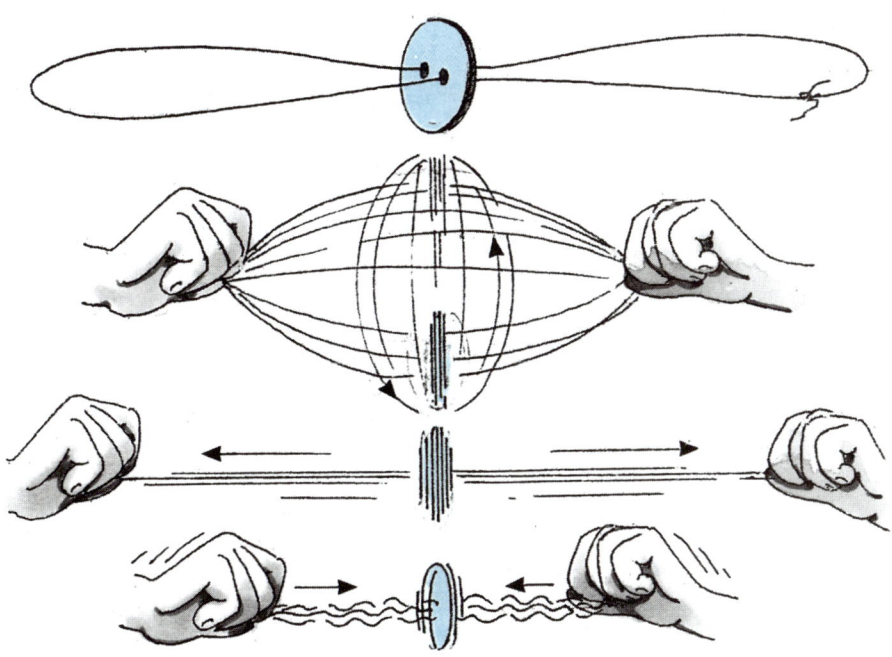

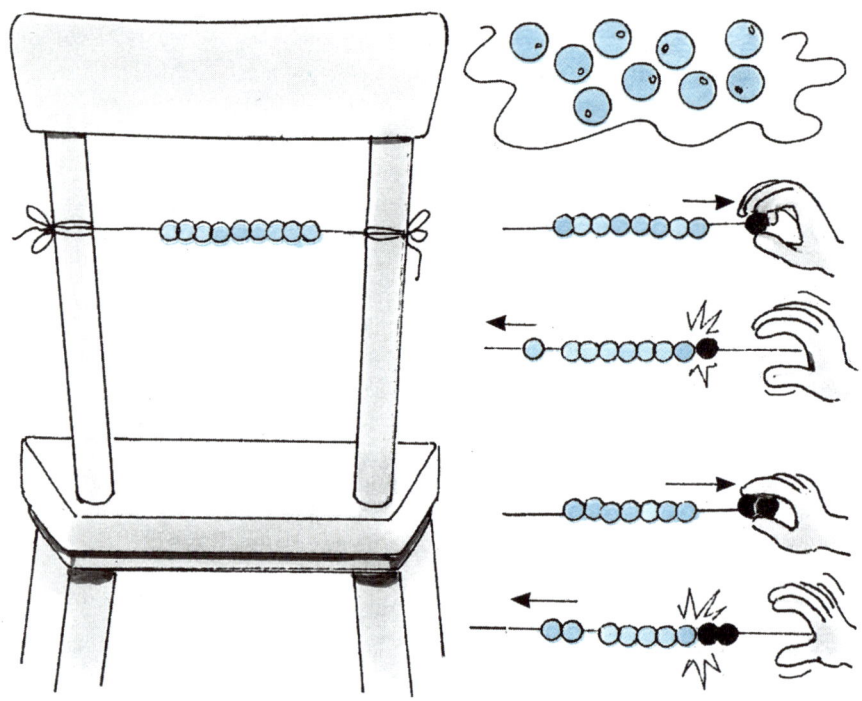

Perlenrätsel

Fädle neun gleich große Perlen auf einen etwa ein Meter langen Zwirnsfaden. Knote den Faden an den Enden zwischen zwei Stäbe, zum Beispiel einer Stuhllehne. Der Faden muss straff gespannt und genau waagerecht ausgerichtet sein. Schiebe die Perlen in die Mitte. Ziehe die äußere rechte Perle ein wenig nach rechts und lass sie kräftig auf die anderen schnellen. Am entgegengesetzten Ende der Perlenkette löst sich die äußere linke Perle und gleitet an dem Faden ein wenig nach links. Schiebe die Perlen

wieder zusammen und trenne jetzt zwei Perlen von der rechten Seite ab. Wenn du sie gegen die Perlenreihe schleuderst, lösen sich an der anderen Seite diesmal zwei Perlen ab. Wiederhole den Versuch mit drei und mit vier Perlen. Jedesmal trennen sich von der linken Seite der Kette genauso viele Perlen ab, wie du von rechts daraufgeworfen hast.
Wie lässt sich das erklären? Die aufprallenden Perlen verursachen einen elastischen Stoß. Dabei setzt die gleiche Masse der geschleuderten Perlen am anderen Ende der Reihe die Bewegung fort.

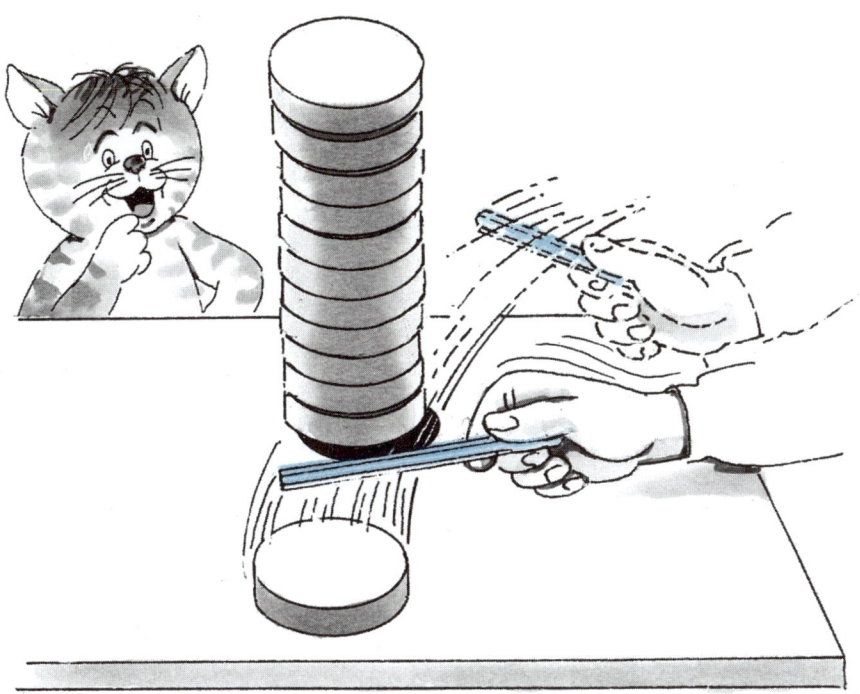

Schrumpfender Turm

Staple auf einem Tisch etwa zehn Mühlesteine übereinander. Kannst du diesen Turm von unten her abbauen, ohne die Steine mit den Händen zu berühren?

Lege einen langen Bleistift auf den Tisch und schlage den Stift kräftig gegen den untersten Mühlestein. Der Stein wird dabei weggestoßen, während der Turm auf seinem Platz stehen bleibt. Auf diese Weise kannst du den ganzen Turm Stück für Stück abbauen. Wahrscheinlich musst du erst ein wenig üben, bevor du das Gefühl für den richtigen Schlag bekommst. Worauf beruht dieses Kunststück? Jeder Gegenstand ist bestrebt, in dem Ruhe- oder Bewegungszustand zu verharren, in dem er sich gerade befindet. Je schwerer ein Körper ist, um so mehr Kraft oder Zeit ist notwendig, damit er seinen so genannten »Impuls« ändert. Die hohe Trägheit des Turms verhindert, dass ihn der Schlag mit dem Bleistift vorwärts bewegt.

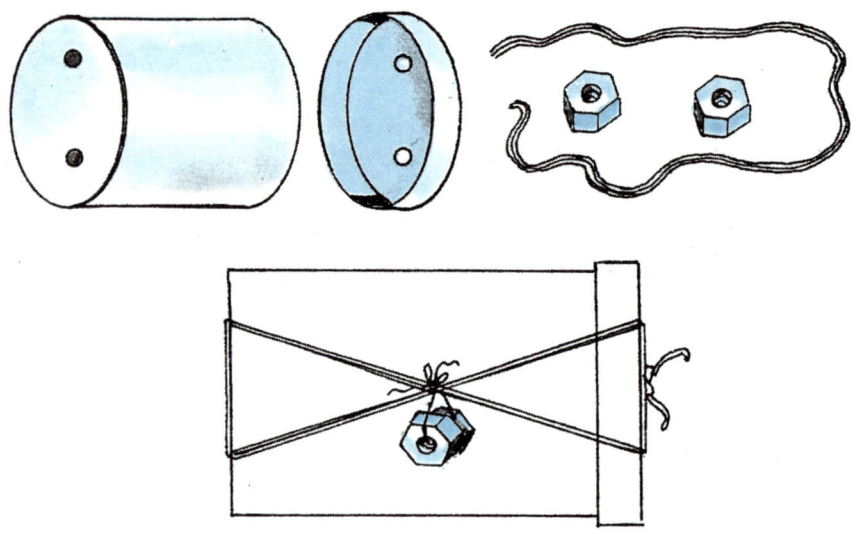

Zauberdose

Glaubst du, dass es eine Dose gibt, die immer wieder zu dir zurückkommt, wenn du sie von dir wegrollst? Das klingt unmöglich, ist es aber nicht. Mit ein paar Materialien, die du sicher bei dir zu Hause findest, kannst du diese Zauberdose bauen.

Zunächst brauchst du natürlich die richtige Dose. Sie sollte einen abnehmbaren Deckel besitzen. Kaffee- oder Plätzchendosen sind hierfür gut geeignet. Weiterhin benötigst du ein kräftiges Gummiband und einige Schraubmuttern.

Bohre mit einem Dosenöffner (Dorn) zwei sich gegenüberliegende Löcher in den Boden der Dose. In den Deckel stanzt du ebenfalls zwei sich gegenüberliegende Löcher. Ziehe beide Enden des Gummibandes durch die Löcher im Boden in das Innere der Dose. Überkreuze die Bandenden in der Mitte und binde an dieser Stelle mit einem Faden zwei bis drei Schraubmuttern am Gummiband fest. Fädele nun die überstehenden Bänder durch den Deckel, verschließe die Dose und knote die Bandenden zusammen. Deine

Zauberdose ist fertig. Wenn du sie über den Boden von dir wegrollen lässt, kommt sie sofort wieder zu dir zurück. Wie ist das möglich? Das Gewicht der Schraubmuttern im Innern der Dose bewirkt, dass sich das Gummiband aufdreht, sobald die Dose rollt. Dadurch speichert das dehnbare Band eine gewisse Menge Energie, die es wieder freisetzt, wenn es sich zurückdreht und die Dose in die entgegengesetzte Richtung antreibt.

Standhafte Münzen

Schneide einen Papierstreifen mit einer Länge von 20 Zentimetern und einer Breite von 2 Zentimetern zu. Lege ein Ende des Streifens auf den Rand eines Trinkbechers. Balanciere nun zwei Münzen auf dem Glasrand aus. Die Münzen liegen dabei auf dem Papier, ohne von ihm gestützt zu werden. Wie kann man den Papierstreifen unter den Münzen hervorholen, ohne die Geldstücke zu berühren? Natürlich dürfen die Münzen auch nicht vom Glasrand herunterfallen.

Hebe den Streifen etwas an und schlage mit einem Löffel auf die Mitte des Papiers. Der Streifen ist frei, und die Münzen liegen nach wie vor auf dem Rand des Glases.

Alles fauler Zauber? Nein. Die Trägheit der Münzen ist entsprechend ihrem Gewicht so groß, dass sie von dem schnell zur Seite gerissenen Papier nicht vom Glasrand heruntergeworfen werden.

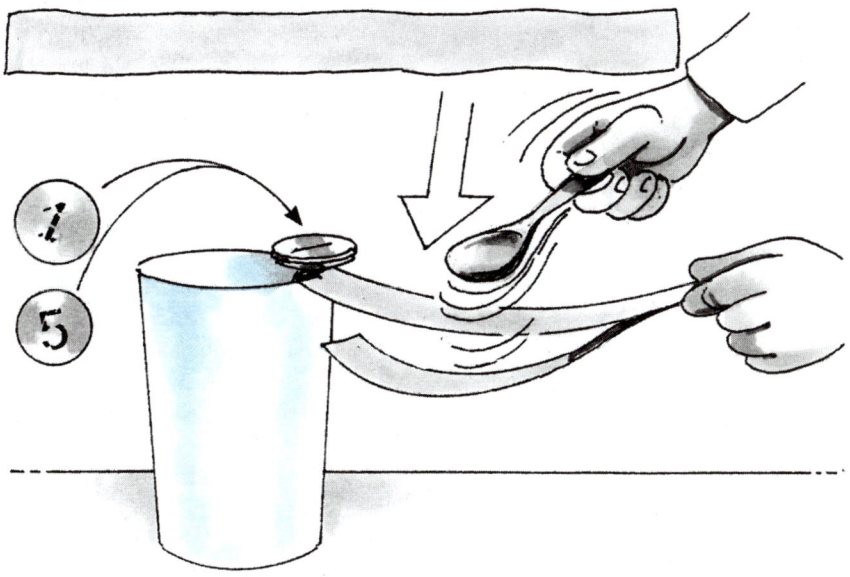

>Kipptest

Lass eine gefüllte Streichholzschachtel aus etwa 30 Zentimetern Höhe senkrecht auf den Tisch fallen. Die Schachtel kippt um. Wie kann man verhindern, dass die Schachtel umfällt, wenn man sie fällen lässt?

Öffne das Schubfach der Streichholzschachtel ein wenig und lasse sie mit der Seite, an der die Hülle hervorsteht, zuerst auf den Tisch fällen. Beim Aufprall rutscht das Schubfach in die Hülle, und die Schachtel bleibt stehen. Was ist geschehen? Das Schubfach vermindert durch seine Schließbewegung die beim Aufprall freiwerdende Energie. Es wirkt ähnlich wie ein Stoßdämpfer beim Auto.

Schnelle Kugel

Hier ein Versuch, den du auch deinen Freunden vorführen kannst. Du brauchst dazu ein Glas mit einem engen Hals, also ein Mayonnaise-, Marmeladen- oder Konservenglas. Jetzt benötigst du nur noch eine kleine, schwere Kugel, beispielsweise eine

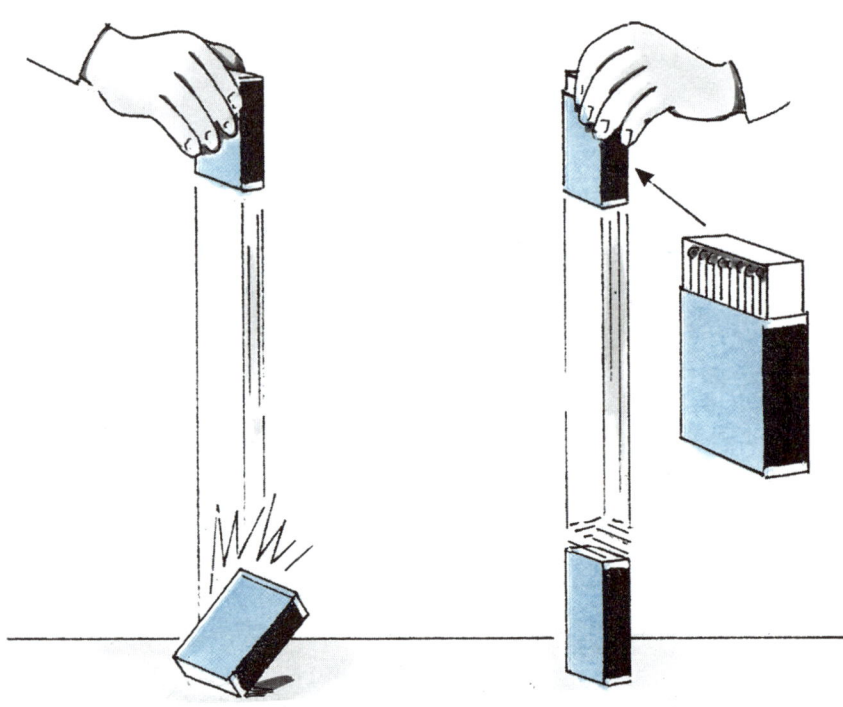

78

Glasmurmel oder eine Metallkugel. Lege die Kugel vor dich auf den Tisch und stülpe das Glas darüber. Wie kann man die Kugel hochheben, ohne sie anzufassen?

Schiebe das Glas in kreisförmigen Bewegungen über die Tischoberfläche, sodass die Kugel zu rotieren beginnt. Wenn du das Glas immer schneller drehst, steigt die kreisende Kugel an der Innenwand empor, und du kannst das Glas vorsichtig hochheben. Vergiss dabei aber nicht weiterzudrehen.

Die Kugel wird von der Zentrifugalkraft gegen die Innenseite des Glases gedrückt. Diese nach außen gerichtete Kraft entsteht, wenn sich Gegenstände drehen. Sie ist zum Beispiel auch dafür verantwortlich, dass nach dem Schleudergang der Waschmaschine die Kleidungsstücke an der Innenwand der Trommel kleben. Doch zurück zu deiner rotierenden Kugel. Sie ist bestrebt, auf gerader Bahn nach außen zu fliegen, und würde das auch tun, wenn nicht der enge Hals des Glases sie daran hindern würde. Solange du das Glas kreisen lässt, ist die Kugel in ihm gefangen, du kannst sie sogar hochheben und forttragen.

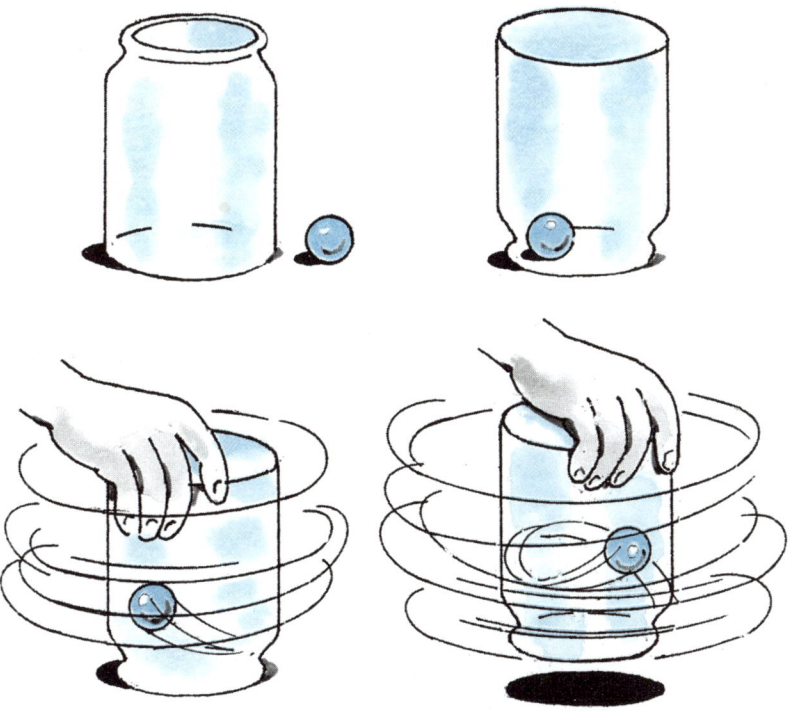

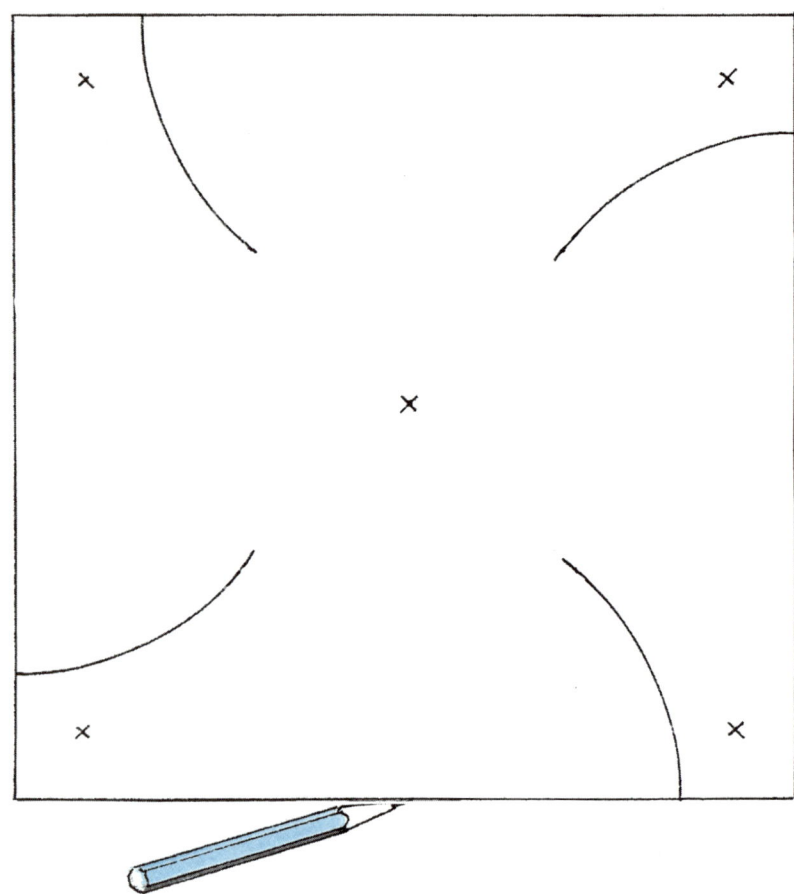

Windrad

Pause zunächst die Grundform des Windrades von der Vorlage auf einen Bogen farbiges Tonpapier ab. Dazu legst du ein Blatt Kohlepapier zwischen das Tonpapier und die Vorlage. Das Tonpapier bildet die unterste Lage. Mit einem Bleistift ziehst du die Linien der Zeichnung nach. Schneide dann die Umrisse der Form aus. Die Ecken

werden entlang der Markierungen eingeschnitten. Falte die vier Spitzen übereinander und steche eine Stecknadel mit Glaskopf zuerst durch die Spitzen und dann durch den Mittelpunkt der Figur. Gib Acht, dass du dir hierbei nicht in die Finger stichst. Anschließend fädelst du eine kleine Perle auf die Nadel und steckst diese in einen dünnen Holzstab. Montiere das Windrad an der Lenkstange deines Fahrrades. Sobald du fährst, dreht sich das Rädchen.

Windmühlen gehören zu den ältesten Maschinen der Menschheit. Sie fangen die Kraft des Windes und machen dessen Energie nutzbar. Seit Jahrhunderten sind Windmühlen zum Beispiel in Holland, Dänemark und Griechenland in Gebrauch. Die heutigen Windenergieanlagen arbeiten nach dem gleichen Prinzip. Sie treiben Generatoren an, die Elektrizität erzeugen und in einigen Ländern bereits einen Teil des Energiebedarfs decken.

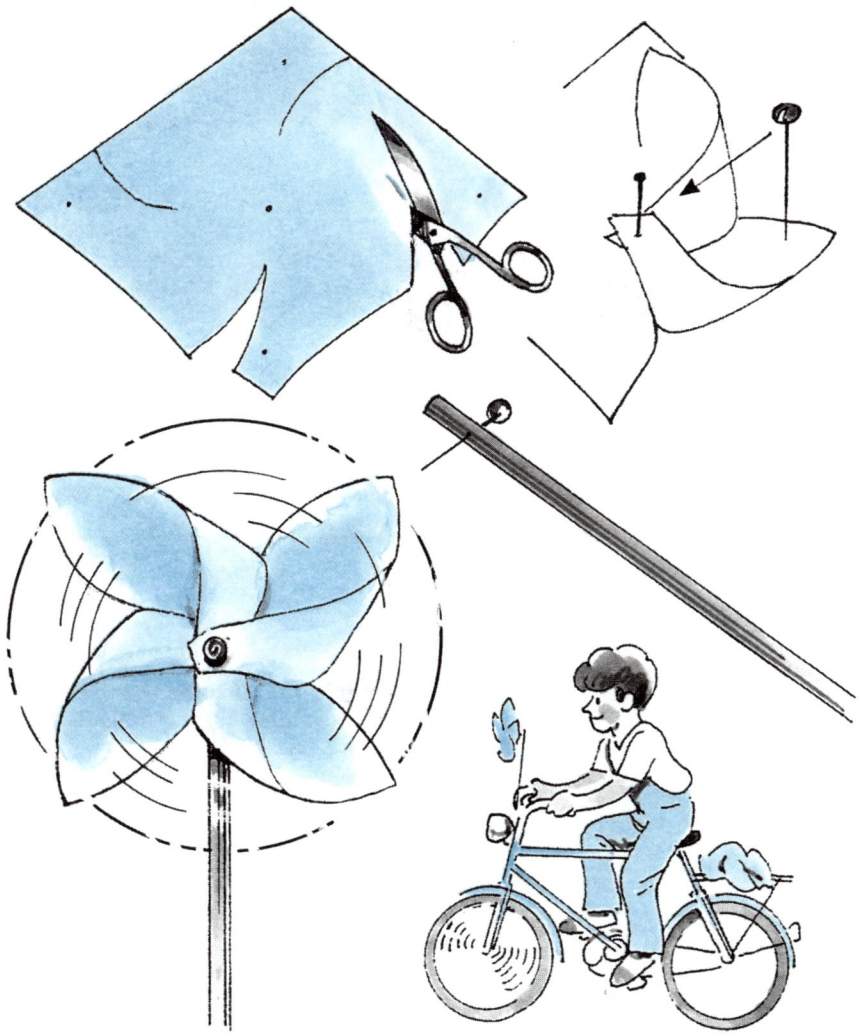

Flugscheibe

Für die Flugscheibe benötigst du ein Stück Zeichenkarton, ein Blatt Kohlepapier, einen Bleistift, eine Garnspule, eine dünne Schnur und etwas Klebeband.

Pause die Grundform der Flugscheibe von der Vorlage auf den Karton ab. Lege dazu das Kohlepapier mit der färbenden Seite nach unten auf den Karton. Zuoberst legst du die Vorlage. Ziehe mit einem Bleistift die Linien der Zeichnung nach. Sie übertragen sich direkt auf den Karton. Schneide die Flugscheibe aus und falte die Ecken an den Linien 3, 5, 7 und 9 nach oben. Dann knickst du die Ecken an den Linien 2, 4, 6 und 8 nach unten. Verschließe ein Loch der Garnspule mit Klebeband. Setze den Bleistift mit der Spitze nach oben in das offene Loch und umwickle

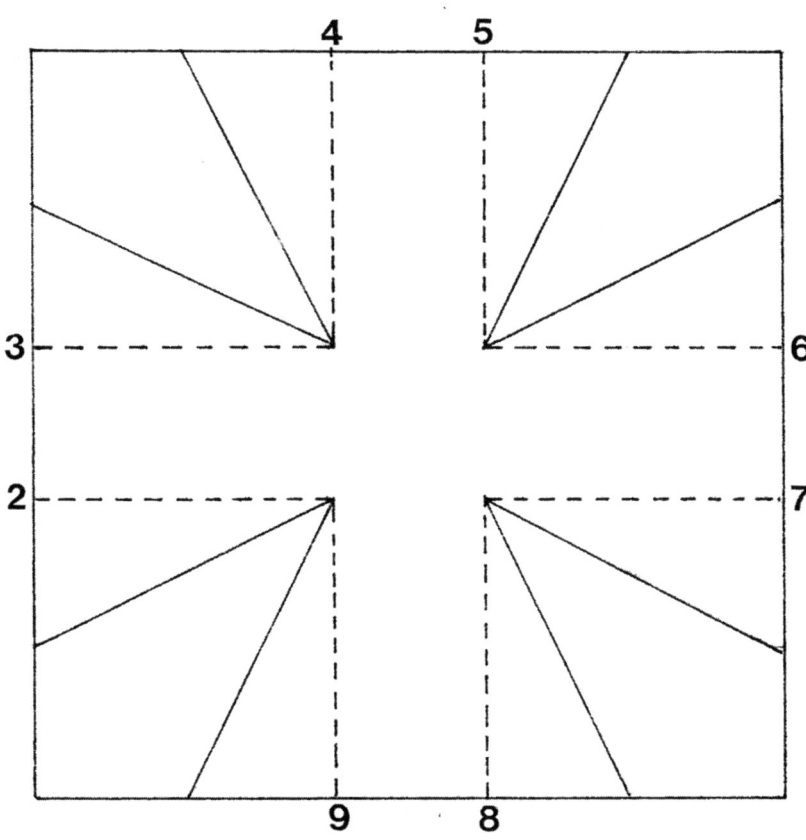

ihn fest mit einer dünnen Schnur. Stecke nun die Scheibe auf die Bleistiftspitze. Halte die Garnspule in der linken Hand und ziehe mit der rechten Hand kräftig an der Schnur. Die Flugscheibe beginnt rasch zu rotieren und hebt vom Bleistift ab. Die Form der Flugscheibe bewirkt, dass sie beim Drehen die Luft nach unten presst. Die dabei entstehende Druckluft treibt die Scheibe nach oben.

Hubschrauber funktionieren übrigens nach demselben Prinzip.
Zusammengedrückte Luft hat viel Kraft. Man verwendet sie in Presslufthämmern, um Beton aufzubrechen. In Gummireifen gepresst, trägt sie Autos und Fahrräder.

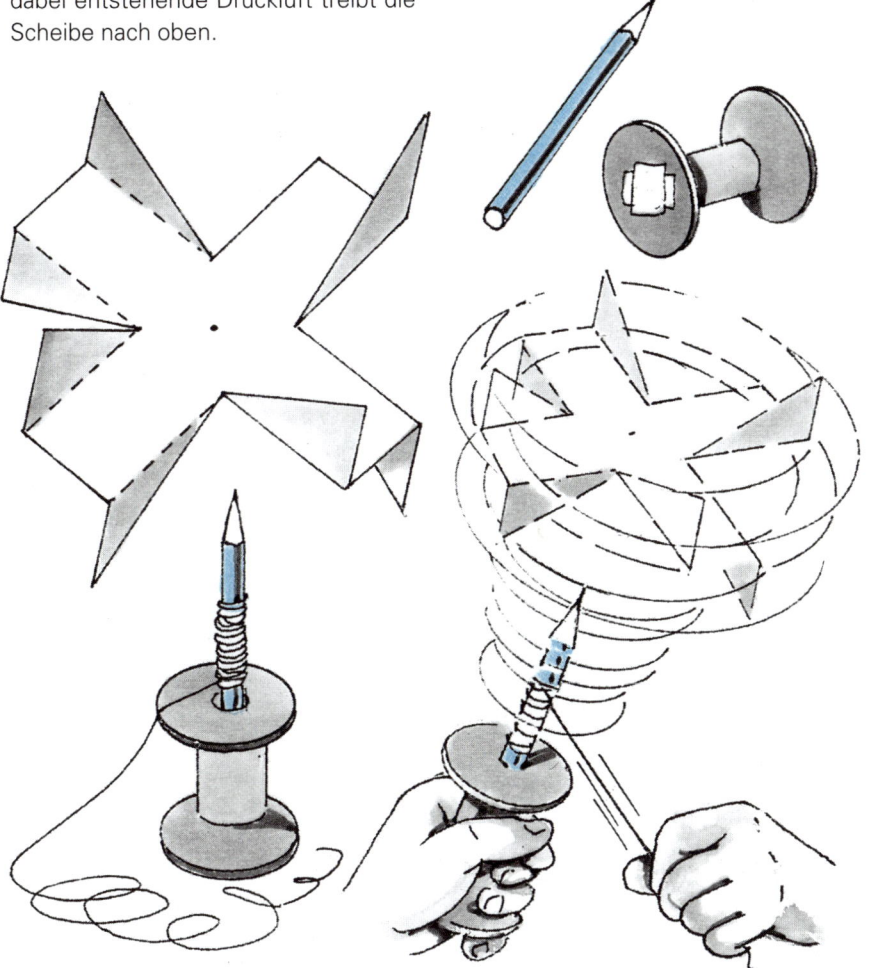

Von Gewicht und Gleichgewicht

Alle Körper haben ein Gewicht, weil sie von der Erde angezogen werden. Diese Anziehungskraft heißt auch »Schwerkraft«. Je weiter man von der Erde entfernt ist, um so geringer wird die Schwerkraft. Deshalb wiegen Gegenstände auf dem Mond viel weniger.

Eng mit der Schwerkraft verbunden ist der »Schwerpunkt«. Er spielt beim Gleichgewicht eine Rolle. Durch unseren Gleichgewichtssinn können wir uns vorwärtsbewegen. Wir sind es gewohnt, Dinge so hinzustellen, dass sie nicht umkippen, also das Gleichgewicht verlieren. Dennoch gibt es ein paar überraschende Konstruktionen, die aussehen, als müssten sie sofort umfallen. Meist spielt hierbei der bewusst verlagerte Schwerpunkt eine Rolle. Probiere diese Versuche einmal aus. Sie sind leicht durchzuführen, und das Material, das du dazu brauchst, findest du sicher überall in deinem Zimmer, oder du bekommst es von deinen Eltern.

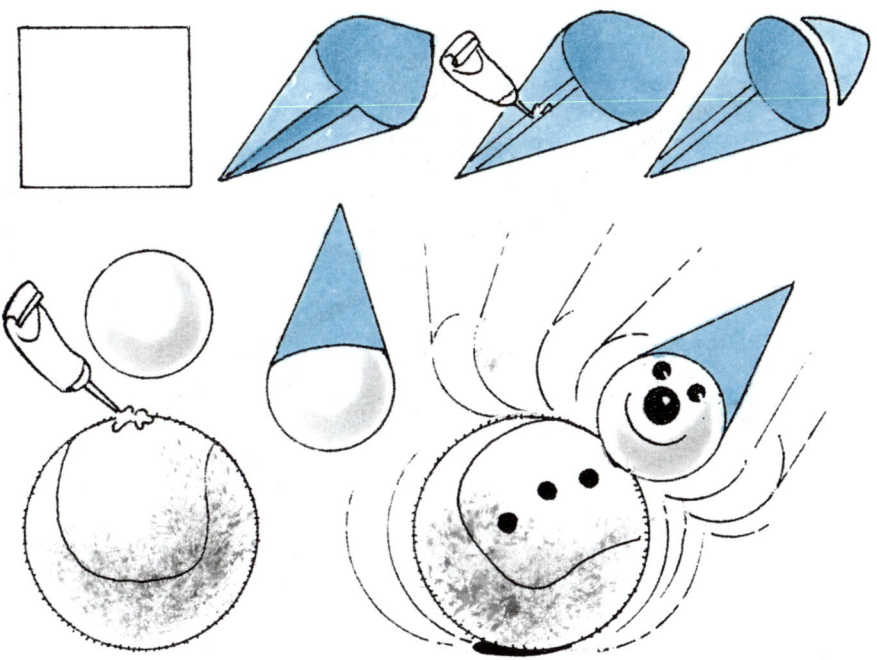

Stehaufmännchen

Setze mit viel Klebstoff einen Tischtennisball und einen Tennisball zusammen. Forme ein etwa 10 x 10 Zentimeter großes Stück Tonpapier zu einer unten spitz zulaufenden Tüte. Klebe das Papier an der überstehenden Seite zusammen und schneide das offene Ende der Tüte gerade ab. Bestreiche nun die untere Kante der Tüte mit Klebstoff und drücke sie oben auf den Tischtennisball. Bemale die Bälle und die Tüte, wie du es auf der obenstehenden Zeichnung siehst. Dein Stehaufmännchen ist fertig. Wenn du es mit dem Finger leicht anstößt, wird es hin und her schwingen. Selbst wenn du es kippst, bis es mit dem Hut den Boden berührt, wird es sich, sobald du es loslässt, immer wieder von selbst aufrichten.

Wie ist das möglich? Das Stehaufmännchen kehrt stets in die Senkrechte zurück, weil sein Schwerpunkt sehr tief liegt. In diesem Punkt scheint sich das Gewicht des ganzen Körpers zu konzentrieren. Deshalb kannst du es nicht aus dem Gleichgewicht bringen.

Gabelkarussell

Wie kann man eine Nähnadel senkrecht auf eine Münze stellen?
Besorge dir eine leere Weinflasche mit Korken und lege eine Münze auf die Öffnung. Steche eine Nadel von unten in den Korken der Flasche und beschwere ihn von beiden Seiften mit je einer Gabel, indem du die Spitzen in den Korken steckst. Setze die Nadel auf die Münze und lasse sie los: Die Nadel steht jetzt senkrecht auf der Münze. Du brauchst sie nicht festzuhalten. Stoße eine der Gabeln leicht an, und das ganze Gebilde dreht sich.

Wieso fällt diese Konstruktion nicht um? Die schweren Gabelgriffe verlagern den Schwerpunkt des Korkengebildes so weit nach unten, dass ein Gleichgewicht zustande kommt.

Zauberstab

Der folgende Trick ist so einfach, dass du sofort ausprobieren kannst, ob es stimmt, was hier behauptet wird.
Balanciere ein langes Holzlineal auf den beiden Zeigefingern deiner ausgestreckten Hände. Die eine Hand stützt das Lineal am rechten Ende und

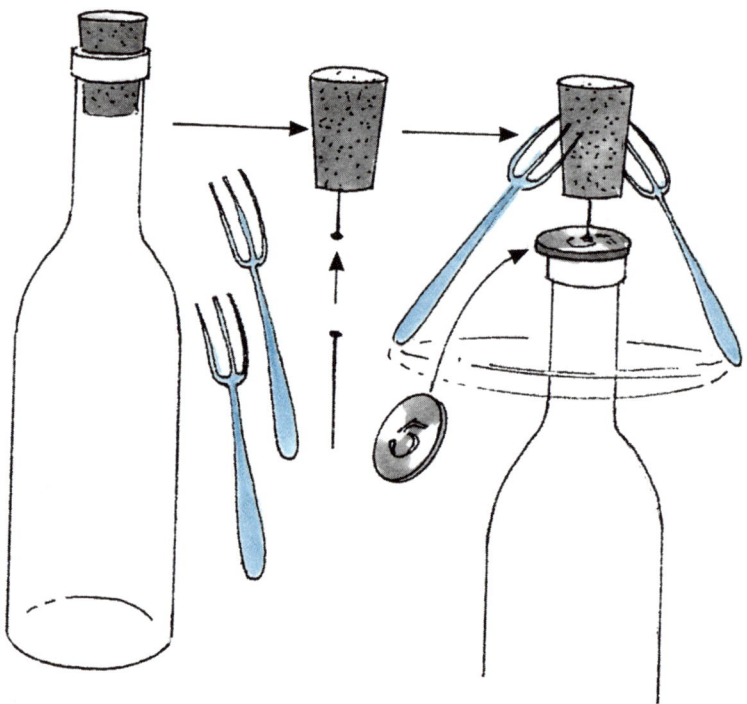

die andere Hand in der Mitte. Die linke Seite des Lineals steht über. Wenn du nun die Hände zusammenschiebst, bis sie sich treffen, fällt das Lineal hinunter. Denkste! Schiebe deine Hände zusammen, und du wirst sehen, dass sie sich in der Mitte des Lineals treffen. Das Lineal bleibt im Gleichgewicht und fällt nicht nach unten. Mit welcher Handstellung du den Versuch auch wiederholst, du wirst deine Hände stets in der Mitte des Lineals zusammenbringen.

Wie ist das möglich? Das Zusammenspiel von Schwerkraft und Reibung verhindert, dass dein Lineal hinunterfällt. Es liegt auf deinen Händen mit unterschiedlicher Gewichtsverteilung. Die überstehende Seite liegt schwerer auf der sie stützenden Hand und hemmt die Bewegung. Die Hand unter der kürzeren und deshalb leichteren Linealseite kann auf die andere zugleiten, bis das gleiche Gewicht auf beiden Händen lastet. Auf dem letzten Stück bis zur Mitte des Lineals bewegen sich die Hände deshalb gleichmäßig aufeinander zu. Hältst du allerdings eine Hand von Anfang an unter die Mitte des Lineals, bleibt sie liegen, und nur die Hand, welche die Seite des Lineals stützt, rückt vor.

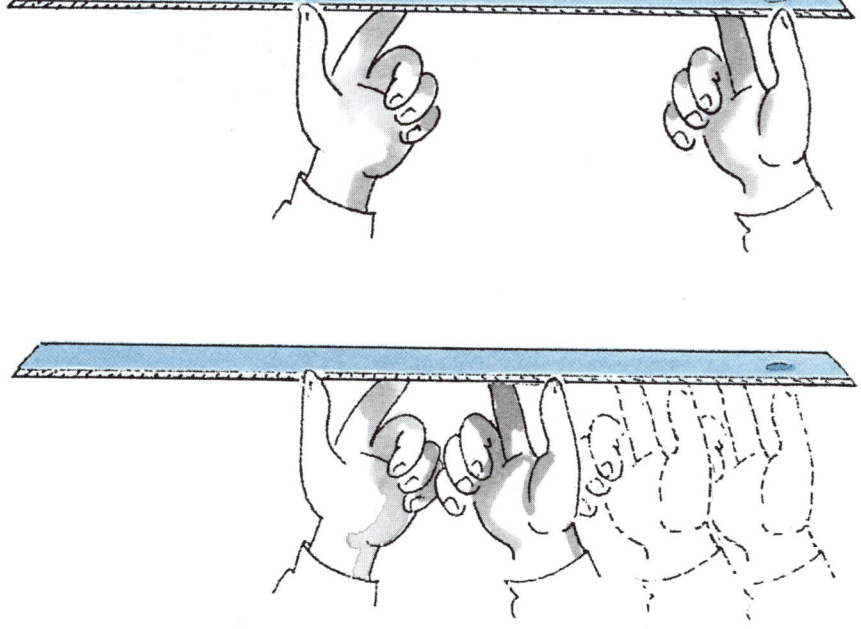

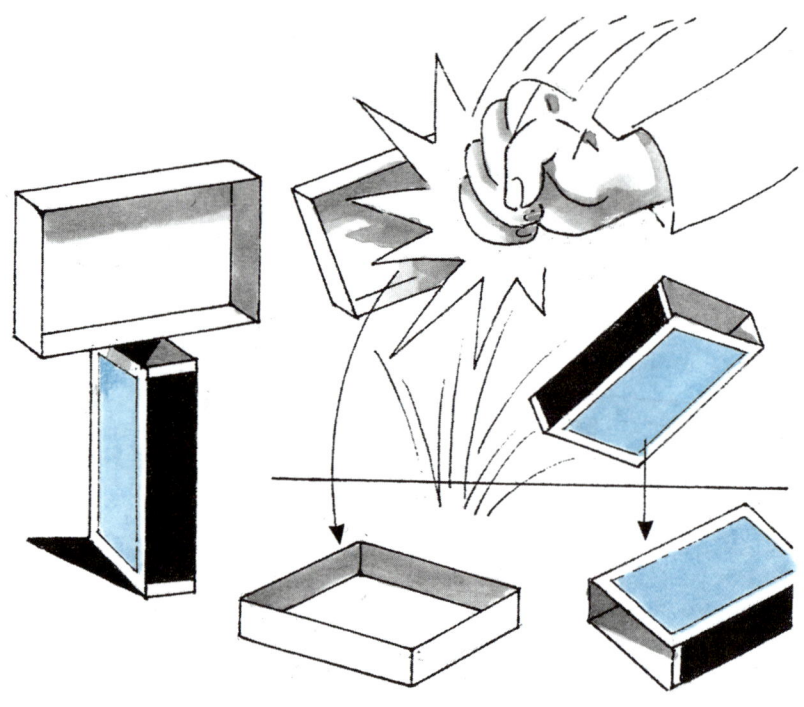

Schachteltrick

Stelle die Hülle einer Streichholz-schachtel hochkant auf einen stabilen Tisch und setze das leere Schubfach quer darüber (siehe Zeichnung). Kannst du die Schachtel mit einem Faust-schlag zerschmettern? Versuche es, aber schlage wirklich kräftig zu. Was passiert? Beide Schachtelhälften springen zur Seite und bleiben dadurch unbeschädigt.

Die stabilen Wände des hochkant stehenden Schubfaches leiten den Druck der Faust an die Hülle weiter. Diese wiederum weicht zur Seite aus, weil ihre Wände nicht ganz genau senkrecht stehen.

Balancierendes Lineal

Schau dir die Zeichnung auf Seite 89 an. Das Lineal scheint die Gesetze der Schwerkraft zu missachten. Eigentlich müsste es doch von der Tischkante hinunterfallen, nicht wahr? Mache den Versuch nach, und du wirst sehen, dass auch dein Lineal auf dem Tisch liegen bleibt.

Du brauchst dazu einen Hammer, ein Stück Kordel und natürlich ein langes Lineal. Lege nun das Lineal so auf den Tisch, dass es ein wenig über die Kante hinausragt. Binde den Hammer mit der Kordel an das Lineal. Der Hammer stützt sich dabei mit dem Stiel an dem Lineal ab. Schiebe das Lineal Stück für Stück über die Tischkante hinaus und ziehe gleichzeitig den Hammer an der Kordel näher zum Tisch. Bald wirst du die gleiche Anordnung wie auf dem Bild erreicht haben. Das Lineal liegt nur noch mit einem kurzen Endstück auf dem Tisch, während seine lange Seite,

wie von magischen Kräften gehalten, waagerecht von der Kante absteht.
In einem so regelmäßig geformten Körper wie einem Lineal liegt der Schwerpunkt genau in der Mitte. Normalerweise müsste das Lineal hinabfallen, wenn du es nur mit einem Ende auf die Tischkante legst. Der Hammerkopf verlagert aber den Schwerpunkt wieder zur Tischkante hin und hält dadurch die ganze Konstruktion im Gleichgewicht.

Starkes Streichholz

Es klingt unglaublich, aber funktioniert tatsächlich! Ein Streichholz hält ein Messer, eine Gabel und einen Löffel an der Tischkante in der Schwebe. Das Besteck hängt in der Luft und fällt nicht zu Boden.

Halte die Gabel in der linken Hand (mit der Hohlseite zu dir). Schiebe den Löffel (ebenfalls mit der Hohlseite zu dir) zwischen die dritte und vierte Zinke der Gabel. Falls dir deine Eltern nur eine kleinere Kuchengabel mit drei Zinken anvertrauen, bitte sie um eine größere, da wir die vierte Zinke wirklich brauchen. Zwischen die Unterseite des Löffels und die vierte Zinke der Gabel klemmst du jetzt die Messerklinge. Ein Streichholzende steckst du zwischen die erste und die zweite Gabelzinke. Lege nun vorsichtig das Hölzchen bis zur Hälfte auf eine Tischkante. Tatsächlich bleiben Messer, Gabel und Löffel in der Luft hängen, ohne das Streichholz vom Tisch zu ziehen.

Wie ist das möglich? Wieder einmal ist der Schwerpunkt für das Funktionieren eines Experiments verantwortlich. Er liegt hier genau unterhalb der Tischkante, sodass die ganze seltsame Konstruktion im Gleichgewicht bleibt und nicht hinabfällt.

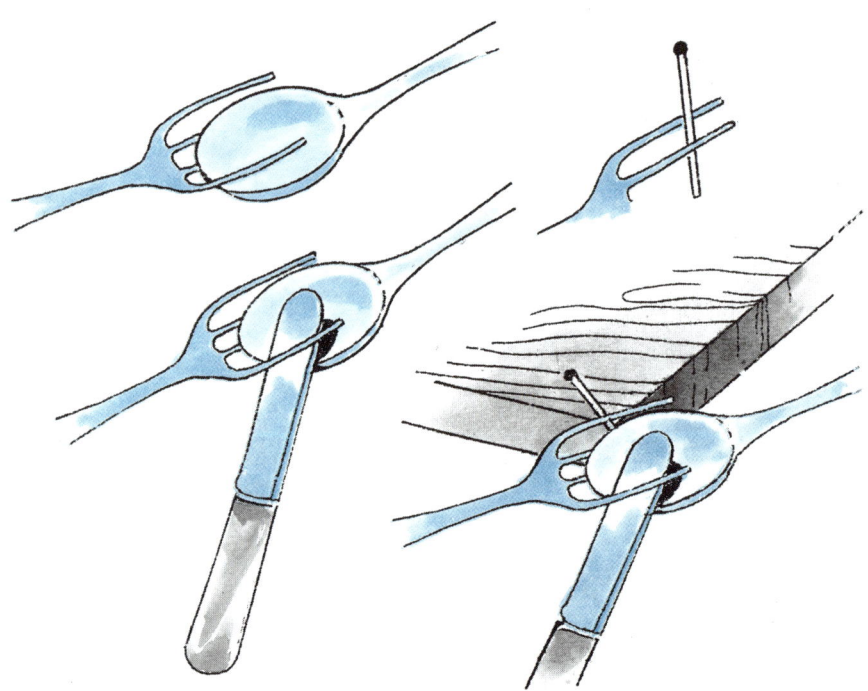

Unzerbrechliche Eier

Wenn jemand wie ein rohes Ei behandelt wird, traut man ihm nicht viel Widerstandsfähigkeit zu. Rohe Eier zerbrechen sehr schnell, wie jeder weiß. Es ist deshalb kaum zu glauben, wie stabil eine Eierschale unter bestimmten Umständen sein kann.

Schlage zwei Eier so auf, dass sie möglichst in der Mitte zerbrechen. Fixiere entlang der gezackten Ränder der Eihälften je einen Streifen Klebeband, und begradige die Kanten mit einer Schere. Lege die so vorbereiteten Eihälften mit der Öffnung nach unten auf einen Tisch. Lege nun vorsichtig ein Buch auf die Eierschalen. Sie werden nicht zerbrechen. Stapele weitere Bücher auf das erste. Du wirst überrascht sein, wie viele Bücher die stabilen Schalen tragen können, bevor sie Risse bekommen.

Kuppelförmige Gebilde verteilen auf sie wirkende Kräfte über die gewölbten Wände auf die große Grundfläche. Sie gehören zu den tragfähigsten Konstruktionen, die es gibt. In der Architektur wird diese Erkenntnis bereits seit langem ausgenutzt. Die bogenförmigen Gewölbe und Kuppeln in Kirchen und Palästen funktionieren nach dem gleichen Prinzip wie deine halbierten Eierschalen.

Kleine Waage

Die auf der ganzen Erde vorhandene Anziehungskraft zieht Körper nach unten. Diese so genannte Schwerkraft erzeugt das Gewicht der Körper. Mit einer Waage kann man das Gewicht messen. Eine kleine Waage kannst du auch selbst bauen – es ist gar nicht so schwer.

Bohre mit einer Nadel in einen sauberen Joghurtbecher drei Löcher (Zeichnung). Fädle drei etwa 10 Zentimeter lange Fäden durch die Löcher und verknote sie am Becherrand. Die freien Enden ziehst du durch ein Gummiband und verknotest sie ebenfalls. Male den Knoten mit Filzstift rot an. Er ist der Zeiger an deiner Waage. Anschließend fädelst du eine Büroklammer in das Gummiband ein und hebst den Becher an der Klammer in die Höhe. Deine Waage ist fertig. Befestige sie mit einem Saughaken an einer Schrank- oder Regalwand, von der sie frei herabhängen kann. Bringe an der Wand hinter der Waage einen Papierstreifen an und markiere mit Filzstift die Stelle, an der sich der rote Knoten befindet. Sobald du einen Gegenstand in den Becher legst, dehnt sich das Gummiband und der Knoten bewegt sich nach unten. Du kannst deine Waage auch eichen, wenn du einen Gegenstand, der beispielsweise genau 50 Gramm wiegt, in den Becher legst und den Ausschlag des Knotens auf dem Papierstreifen markierst.

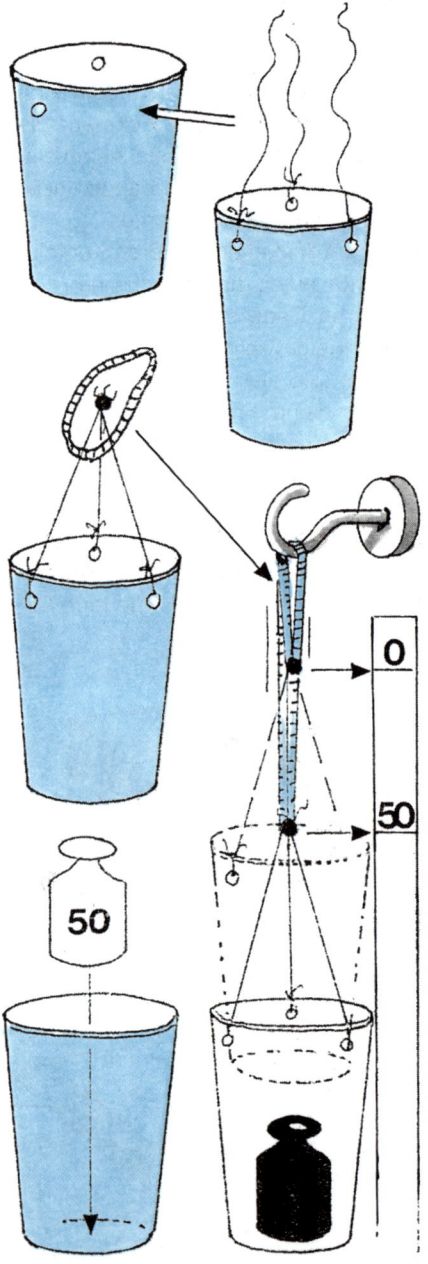

Zauberschachtel

Mit dem folgenden Trick kannst du deine Freunde verblüffen. Du legst eine Schachtel nur mit einer Ecke auf die Tischkante, ohne dass sie herabfällt. Wie du das machst? Du benützt ganz einfach eine Zauberschachtel.

Klebe am Boden einer leeren Konfektschachtel einen möglichst kleinen und schweren Gegenstand in einer Ecke fest. Bleigewichte oder Schraubmuttern sind hierfür gut geeignet. Damit du deine Freunde davon überzeugen kannst, dass deine Schachtel leer ist, schneide aus Zeichenkarton einen zweiten Boden aus und klebe ihn in die Schachtel. Jetzt kann die Vorstellung beginnen. Schiebe die Zauberschachtel unter gemurmelten Beschwörungsformeln so weit über die Tischkante hinaus, bis nur noch die Ecke mit dem versteckten Gewicht aufliegt. Die Schachtel bleibt, scheinbar allen Gesetzen der Schwerkraft widersprechend, auf der Kante liegen und fällt nicht herab.

Wie lässt sich das erklären? Jeder Gegenstand hat einen Punkt, um den seine Masse im Gleichgewicht gehalten wird. In diesem so genannten »Schwerpunkt« scheint sich das gesamte Gewicht des Gegenstandes zu befinden. Bei regelmäßig geformten Schachteln liegt der Schwerpunkt normalerweise genau in der Mitte. Das Gewicht, das du in die Ecke der Schachtel geklebt hast, verschiebt den Schwerpunkt, ohne dabei die äußere Form der Schachtel zu verändern.

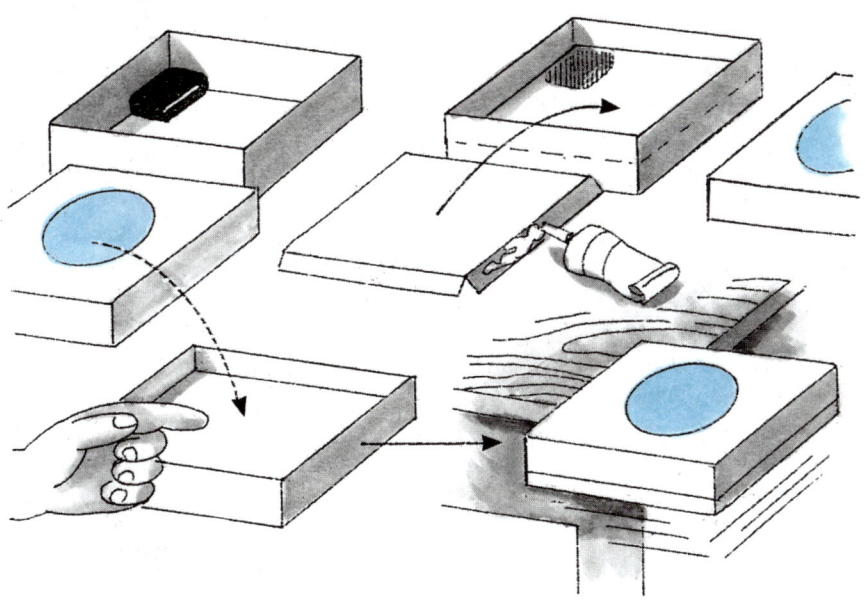

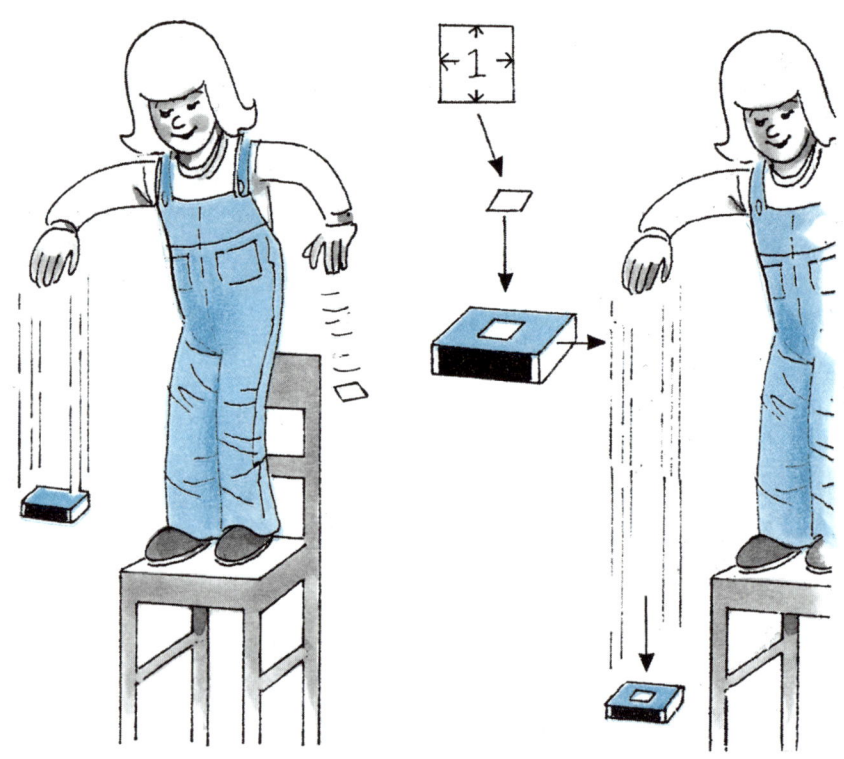

Schachtelrätsel

Schneide ein kleines Stück Papier aus. Es sollte nicht größer als 1 x 1 Zentimeter sein. Nimm das Papierstück in die eine und eine gefüllte Streichholzschachtel in die andere Hand. Steige nun auf einen Stuhl und lass beide Gegenstände gleichzeitig fallen. Welches Teil, glaubst du, landet zuerst auf dem Boden? Richtig. Die Streichholzschachtel. Steige noch einmal auf den Stuhl und lege diesmal das Papier auf die Schachtel. Halte die Schachtel genau waagerecht und lass sie fallen.

Jetzt erreichen beide Gegenstände gleichzeitig den Boden. Bereits vor etwa 400 Jahren stellte der italienische Wissenschaftler Galileo Galilei die Theorie auf, dass Gegenstände mit unterschiedlichem Gewicht mit gleicher Geschwindigkeit auf die Erde fallen, wenn der Luftwiderstand fehlt. Das Papier fällt also im Windschutz der Streichholzschachtel herab. Ohne diesen Schutz wird es durch sein geringes Gewicht vom Luftwiderstand stärker gebremst als die vergleichsweise schwere Schachtel und sinkt deshalb langsamer zu Boden.

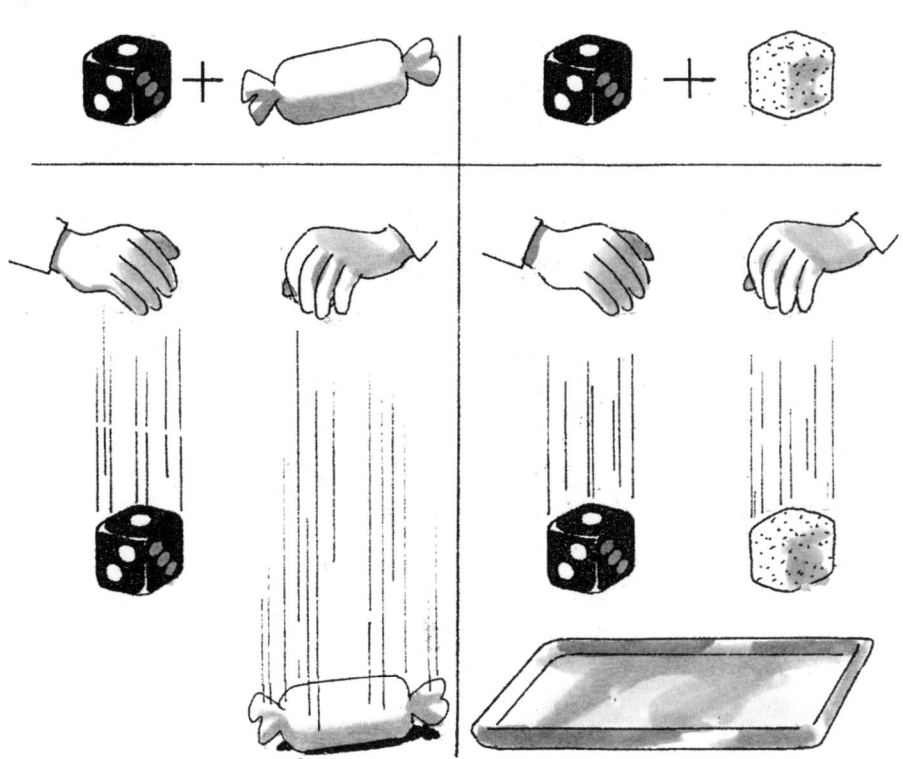

Fallende Würfel

Noch einmal Galileo Galilei: Der berühmte Forscher fand außerdem heraus, dass Gegenstände, die gleich groß und gleich geformt sind, aber unterschiedlich viel wiegen, mit gleicher Geschwindigkeit auf die Erde fallen. Das wollen wir doch sofort einmal nachprüfen: Nimm in je eine Hand einen Zucker- und einen Spielwürfel. Einer der Würfel sollte deutlich schwerer sein als der andere. Steige auf einen Stuhl und lass beide Würfel gleichzeitig fallen. Welcher Würfel berührt zuerst den Boden? Beide Würfel treffen tatsächlich zur selben Zeit auf dem Boden auf, obwohl sie unterschiedlich schwer sind.

Wenn du es ganz genau wissen willst, legst du vor den Stuhl ein Metalltablett. Dann kannst du am Geräusch des Aufschlags erkennen, ob die Würfel tatsächlich gleichzeitig aufprallen.

Magnetismus und Elektrizität

Eisen und einige andere Metalle können magnetisch sein. Sie ziehen dann andere Gegenstände aus Metall an. Jeder Magnet besitzt zwei Pole, die Nord- und Südpol genannt werden. Wie du sicher weißt, stoßen sich jeweils die gleichen Pole ab, ungleichnamige Pole dagegen ziehen sich an.

Obwohl sie scheinbar nichts miteinander zu tun haben, hängt der Magnetismus im Innersten mit der Elektrizität zusammen. Bei unseren Versuchen wirst du sehen, dass man mit Strom einen Magneten herstellen kann.

Elektrizität ist unsichtbar. Du kannst die Anwesenheit von Strom nur dann wahrnehmen, wenn er eine Lampe zum Leuchten bringt oder einen Elektromotor antreibt.

Bei den folgenden Experimenten benutzen wir höchstens die harmlose Stromstärke einer 4,5-Volt-Taschenlampenbatterie. Sämtliche Versuche sind daher völlig ungefährlich!

Verhexte Lampe

Hättest du gedacht, dass man eine Neonröhre, die nicht mit ihrer stromführenden Halterung verbunden ist, zum Leuchten bringen kann?
Bitte zunächst deine Mutter oder deinen Vater, eine Leuchtstoffröhre aus ihrem Sockel zu lösen. Reibe mit einem Wolltuch über die Röhre, und sie leuchtet gespenstisch auf. Im Dunkeln kannst du das besonders gut beobachten. Je schneller du reibst, umso heller leuchtet die Röhre. Achtung: Neonröhren sind leicht zerbrechlich. Drücke sie deshalb beim Reiben auf keinen Fall zusammen.

Wieso leuchtet die Neonröhre, ohne eingeschaltet zu sein? Indem du sie reibst, entsteht statische Elektrizität. Diese Elektrizität reicht aus, um das in der Röhre eingeschlossene Gas zum Leuchten zu bringen.

Kammtrick

Die folgenden Versuche gelingen besonders gut an klaren Wintertagen in einem zentralgeheizten Raum. Fahre mit einem Kamm aus Kunststoff etwa zehnmal kräftig durch deine Haare. Lasse aus dem Wasserhahn im Badezimmer einen dünnen Strahl herauslaufen und halte den Kamm nahe an den Strahl. Das Wasser wird zum Kamm hingezogen; der Strahl bildet einen Bogen.

Wie ist das möglich? Der Kamm und deine Haare werden elektrisch aufgeladen, wenn du dich kämmst. Elektrisch aufgeladene Körper besitzen die Fähigkeit, Wasserteilchen anzuziehen. Deshalb kann dein Kamm den Wasserstrahl ein wenig zu sich hinziehen. Sobald der Kamm nass wird, ist seine Anziehungskraft verflogen.

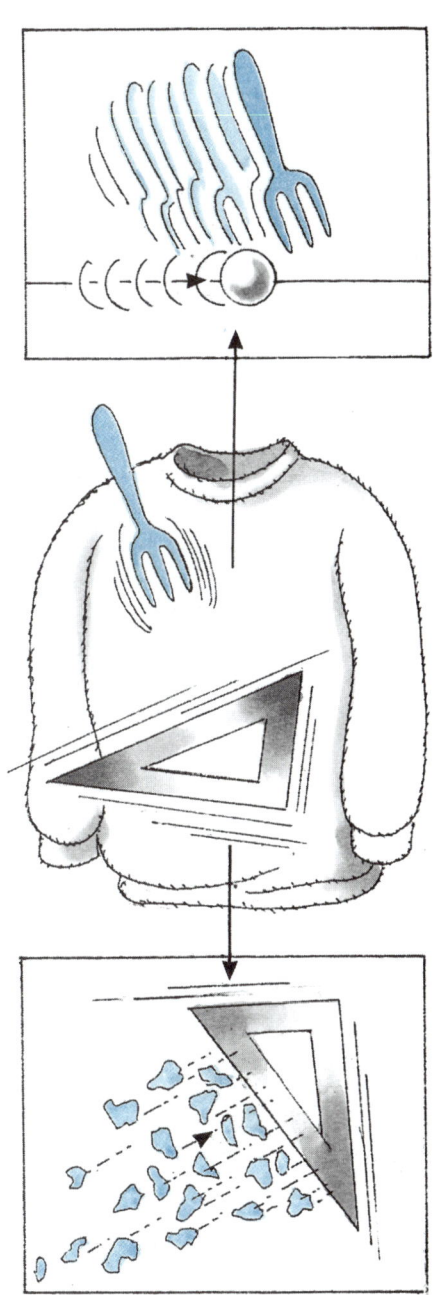

Zaubergabel

Reibe eine Plastikgabel aus euerm Campingbesteck kräftig an deinem Wollpullover. Schwenke die Gabel nahe vor einem Tischtennisball hin und her. Du wirst sehen, dass der Ball, wie von einer geheimnisvollen Kraft angezogen, den Bewegungen der Gabel folgt.
Die geheimnisvolle Kraft heißt »statische Elektrizität«. Durch die Reibung wird die Plastikgabel elektrisch aufgeladen. Sie kann nun Körper ihrer Umgebung anziehen, die eine entgegengesetzte oder eine neutrale Ladung haben, wie zum Beispiel der Tischtennisball.

Springende Papierschnitzel

Hier ist noch ein Trick, mit dem du die statische Elektrizität sichtbar machen kannst:
Zerreiße ein Blatt Seidenpapier in kleine Schnipsel. Reibe ein Kunststofflineal eine Weile an deinem Wollpullover und halte es über die Schnipsel. Die Papierstückchen springen zum Lineal hoch und bleiben an ihm haften. Die Lösung kannst du dir wahrscheinlich schon denken. Durch die Reibung an dem Wollpullover wird das Kunststofflineal elektrisch aufgeladen und zieht dadurch die Papierschnipsel an. Sollte der Trick nicht sofort funktionieren, musst du das Lineal noch einmal mit kräftigen Bewegungen an deinem Pullover reiben.

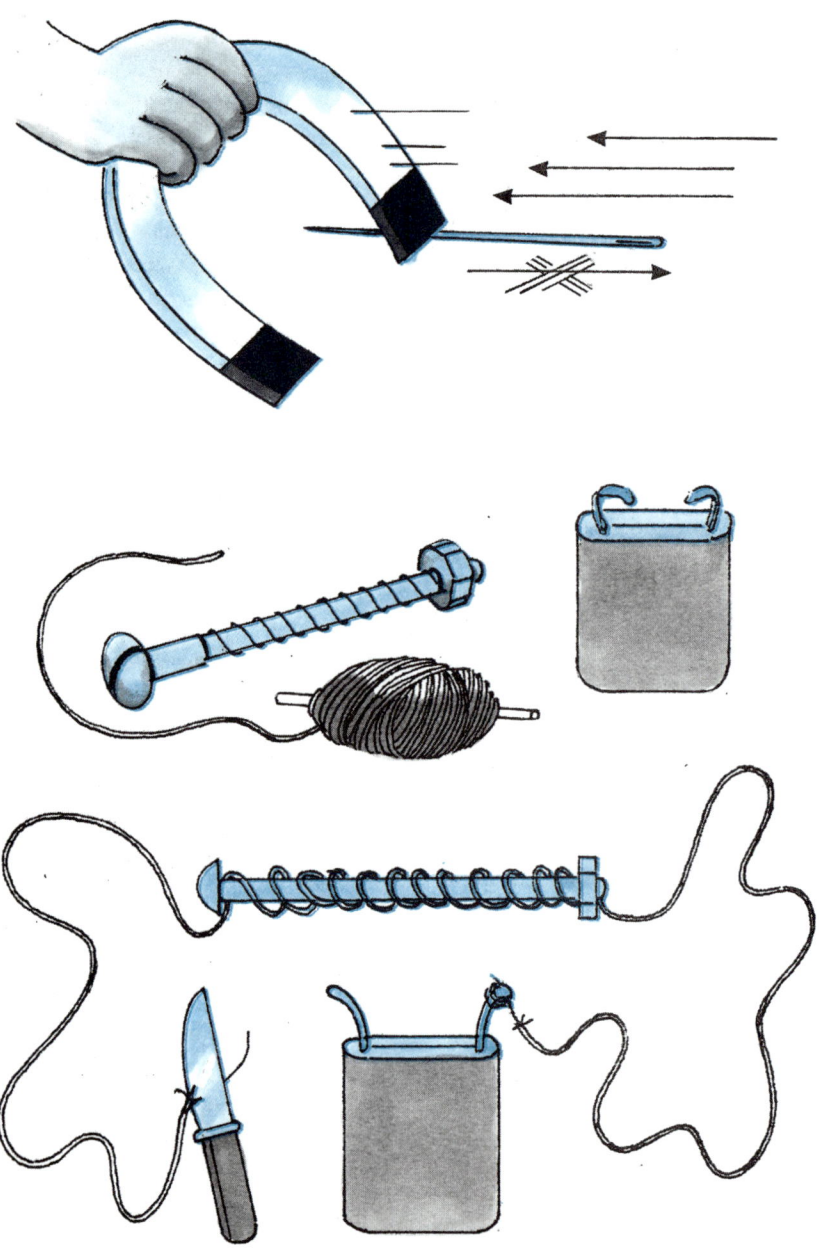

Magnete herstellen

Ein Magnet muss nicht nur wie die bekannten Hufeisen- oder Stabmagneten aussehen. Auch Scheren, Schrauben und Schlüssel können magnetisch sein und andere Gegenstände aus Metall anziehen. Hier erfährst du, wie du einen Magneten auf zwei Möglichkeiten selbst herstellen kannst.

1. Möglichkeit:
Eine Nähnadel aus Stahl lässt sich leicht magnetisieren. Streiche mit einem Pol eines Magneten vom Öhr bis zur Spitze der Nadel. Wiederhole diese Bewegung etwa fünfzigmal. Danach ist deine Nadel magnetisch und du kannst mit ihr andere Nadeln aufheben. Der Versuch funktioniert allerdings nur, wenn du immer in derselben Richtung an der Nadel entlangfährst.

2. Möglichkeit:
Auch mit Strom kannst du Gegenstände aus Stahl magnetisch machen. Dazu benötigst du eine etwa acht Zentimeter lange Eisenschraube mit Mutter, eine 4,5-Volt-Taschenlampenbatterie und ein 2 Meter langes Stück isolierten Kupferdraht.
Wickle den Kupferdraht so um die Schraube, dass er an beiden Enden etwa 20 Zentimeter übersteht. Kratze an den Drahtenden mit einem Messer 2 Zentimeter der Kunststoffummantelung ab und wickle die blanken Kupferdrähte einzeln um die Pole der Batterie. Jetzt fließt elektrischer Strom durch die Drahtspule. Wenn du sie nun beispielsweise an einen Schlüssel aus Stahl hältst, zieht sie ihn an. Unterbrichst du die Verbindung des Kupferdrahtes zu einem der Pole, verliert die Spule ihre magnetische Kraft, der Schlüssel jedoch bleibt magnetisch.
Du hast dir bei diesem Versuch einen so genannten »Elektromagneten« gebaut. Im Gegensatz zu dem »Dauermagneten« vom ersten Experiment kannst du seine magnetische Kraft gezielt an- und ausschalten. Elektromagneten werden unter anderem auf Schrottplätzen verwendet, um Autowracks hochzuheben und an einem anderen Platz wieder fallen zu lassen.

Geladene Ballons

Puste zwei Luftballons zu gleicher Größe auf. Knote die Ballons an die Enden eines etwa 1 Meter langen Bindfadens und reibe sie an einem Wolltuch. Nun ziehe den Faden in der Mitte hoch und lasse die Ballons herabhängen. Was geschieht?
Die Ballons stoßen sich gegenseitig ab. Halte dann das Wolltuch an einen der Ballons. Es bleibt an ihm haften. Durch das Reiben werden die Ballons elektrisch negativ aufgeladen. Gleiche Ladungen stoßen sich gegenseitig ab.

Die Ballons streben also auseinander. Das Wolltuch jedoch ist positiv geladen, weil es seine Elektronen, das sind negative elektrische Teilchen, an die Ballons abgegeben hat. Negative und positive Ladungen aber ziehen sich an. Deshalb haftet das Tuch an dem Ballon.

Eisenbild

Für den nächsten Versuch benötigst du Eisenfeilspäne. Du bekommst sie in Schlossereien und Baumärkten. Außer-

dem brauchst du noch einen Hufeisen-magneten, ein Stück Zeichenkarton und etwas Haarspray.

Sobald alles bereitliegt, kann der Spaß beginnen: Lege den Zeichenkarton auf den Magneten und streue eine Hand voll Späne darauf. Klopfe nun vorsichtig an den Karton, und du wirst sehen, dass sich die Eisenfeilspäne zu Mustern aus bogenförmigen Linien formen. Verschiebe den Magneten oder lege noch einen zweiten Magne-ten unter den Karton. Die Späne wer-den immer neue Muster bilden. Wenn dir ein Bild gefällt, besprühe es mehr-

mals mit Haarspray. Lass die Späne antrocknen, und dein erstes Eisenbild ist fertig. Wichtig: Entferne die Magne-ten erst, wenn die Späne fixiert sind. Wieso ordnen sich die Eisenfeilspäne zu bogenförmigen Linien? Die Linien zeigen das magnetische Feld eines Magneten an. Jedes der kleinen Spän-chen wird durch den Magneten selbst magnetisch. Es bekommt also einen Nord- und einen Südpol. Die Spänchen richten sich so aus, dass sie mit ihren Nordpolen zum Südpol des Magneten zeigen, und bilden dabei verschiedene Muster.

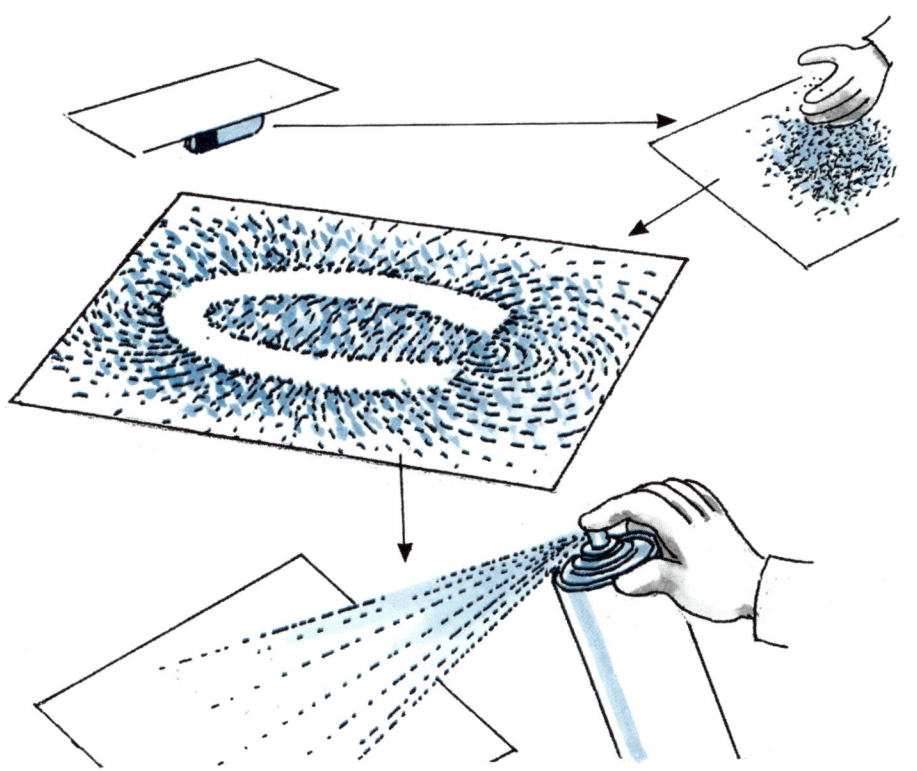

Sortiertes Salz

»Die guten ins Töpfchen, die schlechten ins Kröpfchen.« Im Märchen sortiert Aschenputtel mit der Hilfe von Tauben die in der Asche liegenden Linsen. Für den nächsten Versuch brauchst du zwar keine Tauben, dafür aber etwas Grips.

Streue ein wenig Salz auf einen Tisch und mische etwas gemahlenen Pfeffer darunter. Wie lassen sich diese beiden Gewürze wieder voneinander trennen? Wenn du die Körner einzeln mit der Pinzette heraussuchen willst, bist du mehrere Stunden lang beschäftigt.

Reibe mit einem Wolltuch kräftig über einen Plastiklöffel und nähere ihn langsam dem Salz-Pfeffer-Gemisch. Plötzlich springen die Pfefferkörner hoch und bleiben eine Weile an dem Löffel haften.

Wie ist das möglich? Du lädst den Plastiklöffel durch das Reiben mit dem Wolltuch elektrisch auf. Sobald du ihn der Mischung näherst, übt er eine Anziehungskraft auf die Körner aus. Die

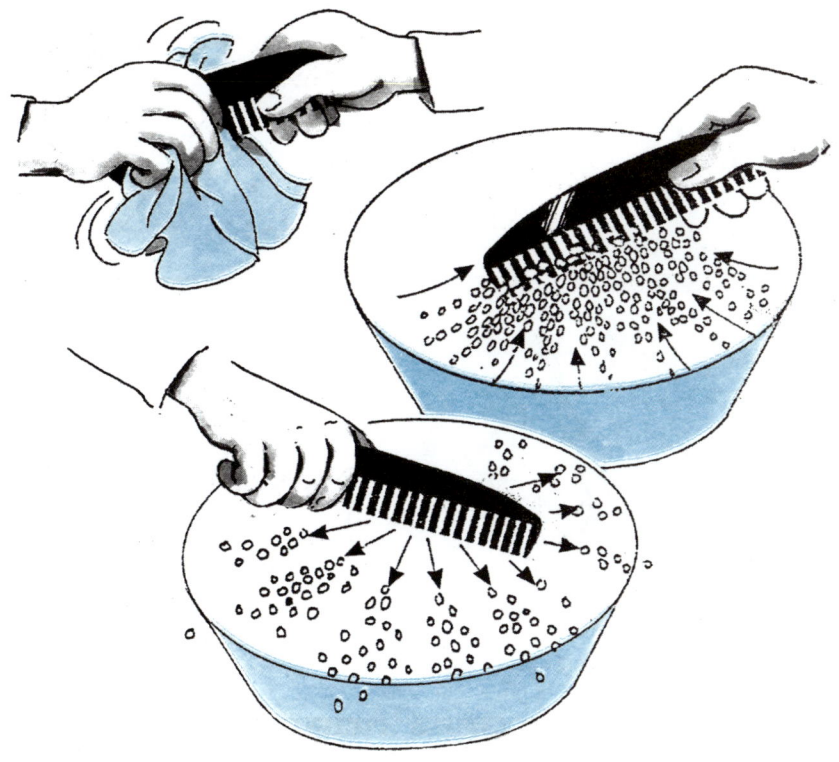

leichteren Pfefferkörnchen springen zuerst zum Löffel hoch. Wenn du ihn zu tief hältst, springen auch die Salzkörner über. Deshalb solltest du den Löffel nur langsam dem Gemisch nähern.

Wilder Puffreis

Ein ähnliches Experiment kannst du mit Puffreiskörnern machen. Elektrisiere einen Plastikkamm durch Reiben mit einem Wolltuch. Halte den Kamm über eine mit Puffreis gefüllte Schüssel und beobachte, was passiert. Die Körner springen zum Löffel hoch und bleiben an ihm haften. Nach kurzer Zeit spritzen sie heftig nach allen Seiten fort.

Wie ist diese heftige Reaktion zu erklären? Der elektrisch geladene Kamm zieht die Körner an. Sobald sie den Kamm berühren, werden die Körner mit derselben Elektrizität aufgeladen, die der Kamm enthält. Gleiche Ladungen aber stoßen sich ab, wie du in der Schule bestimmt noch lernst.

Aus der Chemie

Chemie befasst sich mit dem Aufbau, der Zusammensetzung und der Zerlegung von Stoffen, egal ob diese in Form von Verbindungen oder Gemischen auftreten. Die meisten Stoffe in der Natur setzen sich aus verschiedenen Grundelementen zusammen.

Ohne dass wir uns dessen bewusst sind, umgeben uns ständig chemische Vorgänge. Sie sind im Spiel, sobald ein Kuchen gebacken wird, eine Eisenstange rostet oder eine Kerze brennt. Deshalb brauchst du kein aufwendiges Speziallabor, um chemische Versuche zu machen. Bei den folgenden Experimenten erzielst du überraschende Ergebnisse mit Salz, Essig, Zitronensaft und Eis.

Du lernst den Umgang mit Geheimtinte und findest heraus, wie man mit ein bisschen Wissenschaft ein Ei mit Schale durch eine Flaschenöffnung drücken kann. Es ist kaum zu glauben, aber alle diese Zaubertricks funktionieren nach den Gesetzen der Natur.

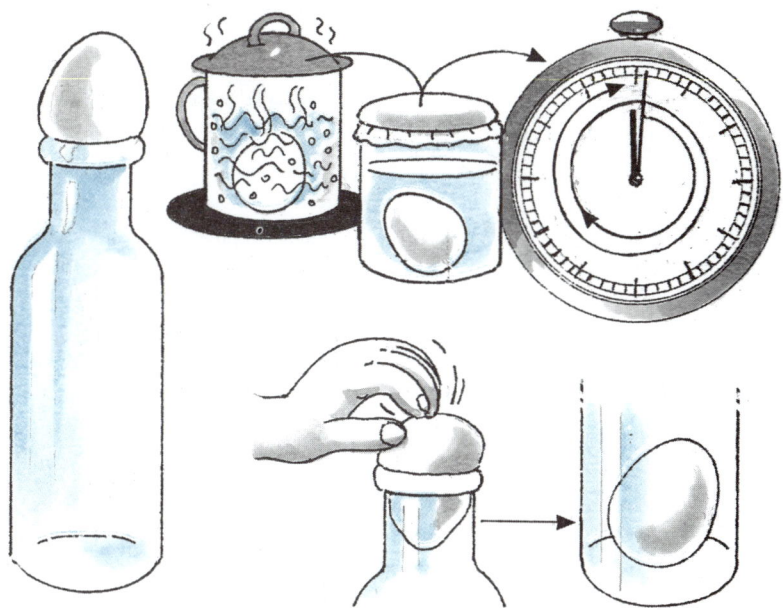

Weiche Schale

Hättest du gedacht, dass man ein hart-
gekochtes Ei mit Schale durch den Hals
einer Flasche drücken kann? Das klingt
unmöglich, ist es aber nicht – wenn
man ein paar geheime Vorbereitungen
trifft.
Wähle für diesen Versuch eine Milch-
oder Saftflasche mit relativ weitem
Hals. Ein Hühnerei darf jedoch keineswegs hindurchfallen; das Ei sollte deutlich dicker als die Flaschenöffnung sein.
Koche das Ei etwa 10 Minuten und lege es für 24 Stunden in Essig. Danach
kannst du deinen Freunden vorführen,
wie du ein Ei mit Schale durch den Hals
einer Flasche drückst.

Des Rätsels Lösung kannst du dir sicher schon denken: Obwohl das Ei sein
Aussehen nicht verändert hat, ist die
Schale in der Essiglösung ein wenig
aufgeweicht. Aber das brauchst du
schließlich niemandem zu verraten,
nicht wahr?

Geheimtinte

Wenn du das nächste Mal deinem Freund eine geheime Botschaft übermitteln willst, schreibe ihm einen Brief mit einer Tinte, die nur Eingeweihte lesen können.

Schreibe deine Nachricht mit einer sauberen Tuschefeder oder einem Pinsel auf ein weißes Blatt Papier. Als Tinte verwendest du den Saft einer ausgepressten Zitrone. Wichtig: Drücke beim Schreiben nicht zu fest auf, denn sonst könntest du leicht erkennbare Abdrücke oder Kratzspuren hinterlassen. Nach dem Trocknen ist die Schrift verschwunden. Wenn dein Freund den Brief lesen will, muss er ihn vorsichtig über einer brennenden Kerze hin und her schwenken. Nach kurzer Zeit färbt sich die Schrift braun und wird sichtbar. Man muss dabei aber mit viel Fingerspitzengefühl vorgehen, damit das Papier nicht Feuer fängt und ihr euch nicht verbrennt.

Durch die Erwärmung über der Kerzenflamme verändern sich die mit der Geheimtinte behandelten Papierstellen chemisch. Sie versengen früher als das übrige Papier, da sich die Zitronensäure mit dem Sauerstoff (Oxygen) der Luft verbindet. Diesen Vorgang nennt man Oxydation.

Schweres Gas

Kann man Gase wiegen? Es ist kaum zu glauben, aber mit etwas Fingerspitzengefühl geht das ganz leicht.

Zunächst baust du dir eine Waage: Lege eine Reißzwecke mit dem Stift nach oben auf ein dickes Buch. Balanciere auf der Reißzwecke ein Lineal aus und setze vorsichtig auf die beiden Enden des Lineals je einen Joghurtbecher. Benutze möglichst gleichartige Becher, damit die Waage im Gleichgewicht bleibt.

Danach stellst du das Gas her, das du wiegen willst: Gib in ein sauberes Marmeladenglas einen Esslöffel Natronpulver und zwei Esslöffel Essig. Die Mischung schäumt auf, weil durch die chemische Reaktion Gas entsteht.

Neige das mit Gas gefüllte Glas vorsichtig über einen der Joghurtbecher und achte dabei darauf, dass keine Flüssigkeit überläuft. Wie von magischen Kräften bewegt, senkt sich die Waage. Warum? Das entstandene Gas ist schwerer als Luft. Deshalb lässt es sich in den Joghurtbecher umfüllen und wiegen. Wenn du herausfinden willst, ob sich noch Gas in deinem Marmeladenglas befindet, halte vorsichtig ein Streichholz hinein. Erlischt es, ist das Glas noch mit Gas gefüllt. Dieses Gas ist also nicht nur schwerer als Luft, es wirkt auch erstickend. Es heißt »Kohlendioxid«.

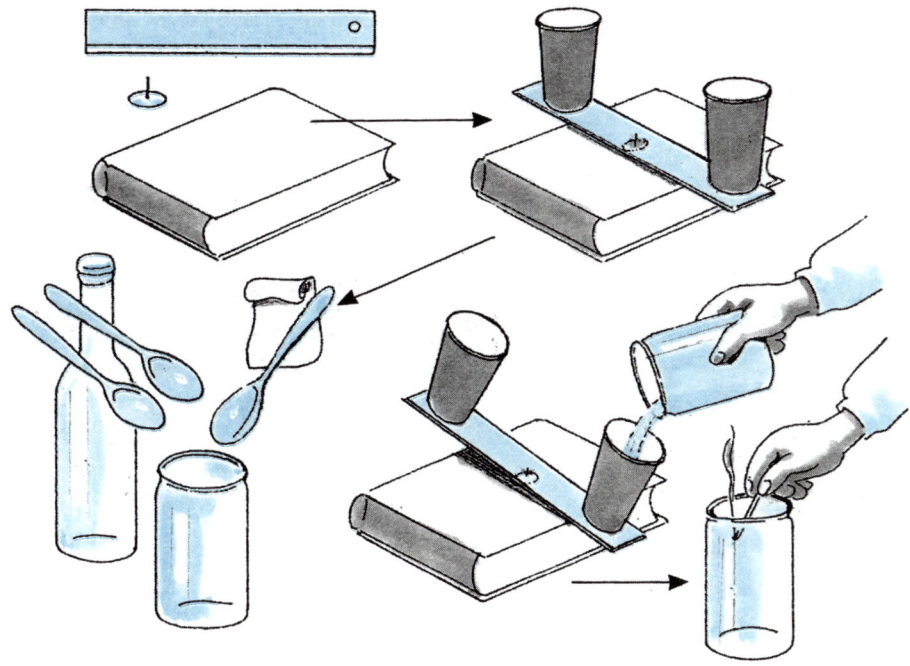

Farben zerlegen

Aus wie vielen Farbstoffen setzt sich schwarze Tusche zusammen? Mit dem nächsten Versuch kannst du es herausfinden.

Schneide aus einem Kaffeefilter einen etwa 2 x 20 Zentimeter langen Streifen heraus. Setze einen Tropfen schwarze Tusche etwa drei Zentimeter vom unteren Rand entfernt auf das Papier und lasse ihn eintrocknen. Hänge nun den Papierstreifen mit einer Wäscheklammer an eine Leine und tauche ihn mit dem unteren Ende etwa einen Zentimeter weit in eine mit Wasser gefüllte Schüssel. Das Wasser darf den Tu-

schetropfen nicht berühren. Nach einiger Zeit beginnt der schwarze Tropfen, sich in blaue, grüne, gelbe und rote Bänder aufzulösen, die von dem Tropfen aus nach oben über das Papier ziehen.

Schwarze Tusche enthält mehrere unterschiedliche Farbstoffe oder »Pigmente«. Mit diesem Versuch untersuchst du, welche Farbpigmente in schwarzer Tusche enthalten sind. Das Wasser steigt im Filterpapier hoch und zieht dabei die verschiedenen Farben der Tusche nach oben. Mit derselben Methode kannst du natürlich auch andere Tuschefarben oder die Farbstoffe von Filzstiften zerlegen.

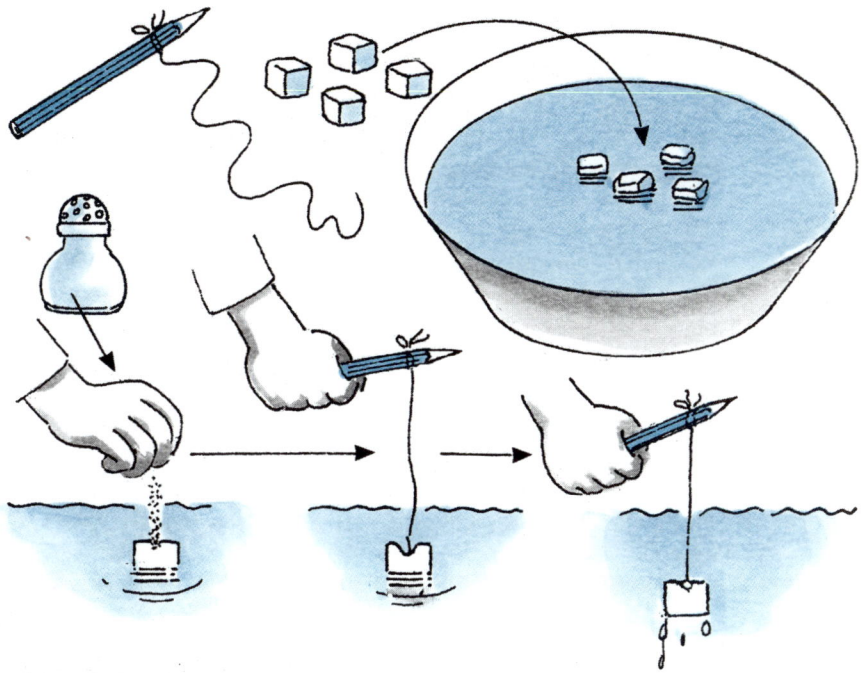

Eistrick

Fülle eine Schüssel zur Hälfte mit kaltem Wasser und gib einige Eiswürfel hinein. Binde an einen Bleistift eine Schnur von etwa 20 Zentimeter Länge. Frage nun deine Freunde, wer von ihnen es sich zutraut, mithilfe dieser »Angel« ein Eisstück aus der Schüssel zu fischen. Die Hände dürfen für diese Aufgabe allerdings nicht zu Hilfe genommen werden.

Die Lösung ist verblüffend einfach. Halte die Angel so, dass das Schnurende genau auf einem Eiswürfel aufliegt, und streue eine Prise Salz darauf. Murmele nun einen langen Zauberspruch, dann ziehe die Schnur vorsichtig hoch. Das Eisstück scheint an dem Faden zu kleben und lässt sich mühelos herausangeln.

Warum? Wie du sicher weißt, bringt Salz Eis zum Schmelzen. Auch das Salz, das du auf den Eiswürfel streust, taut die Oberfläche des Würfels ein wenig auf. Dabei sinkt die Schnur leicht in die kleine Wasserpfütze ein. Durch das Schmelzen verdünnt sich jedoch die Satzkonzentration, und das soeben aufgetaute Eis friert um die Schnur herum wieder fest. Die Zeit, die der Eiswürfel für diesen Vorgang braucht, solltest du mit einem möglichst langen Zauberspruch überbrücken.

✕ Rauchzündung

Wie steckt man eine Kerze an?
Dumme Frage, nicht wahr? Man hält
ein brennendes Streichholz an den
Docht, und nach kurzer Zeit brennt die
Kerze. Es gibt auch eine andere Möglichkeit, eine Kerze anzuzünden. Die
einzige Bedingung: Die Flamme muss
kurz vorher gelöscht worden sein.
Stecke zunächst mit einem Streichholz
wie gewohnt eine Kerze an und lasse
sie etwa eine Minute lang brennen.
Entzünde ein zweites Streichholz und
puste die Flamme der Kerze aus. Wenn
du nun das brennende Streichholz in
den vom Docht aufsteigenden Rauch
hältst, springt die Flamme zum Docht
über und zündet die Kerze wieder an.
Wie ist es möglich, dass der Docht
Feuer fängt, ohne dass du ihn mit
dem brennenden Streichholz berührst?
Der nach dem Auspusten der Kerze
aufsteigende Rauch enthält gasför-
miges Kerzenwachs (Stearin). Stearin-
dampf ist brennbar und lässt sich
von einer offenen Flamme wieder entzünden.

Halbe Flamme

Möchtest du noch etwas über die
Eigenschaften einer Kerzenflamme
erfahren? Dann halte ein Metallsieb
mitten in die Flamme. Du wirst sehen,
dass du die Flamme mit dem Sieb hal-
bierst. Sie reicht nur bis an das Draht-
netz heran. Hältst du aber ein brennendes Streichholz über das Sieb,

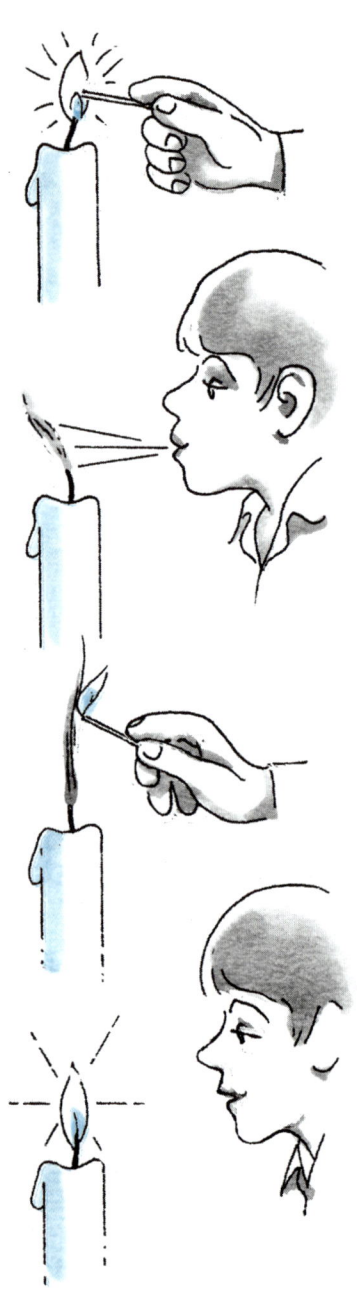

entzündet sich die Kerzenflamme auch über dem Drahtgitter.

Das Metallsieb leitet die Wärme der Flamme ab, sodass sich die Wachsgase über dem Drahtgitter nicht entzünden können. Erst die über das Sieb gehaltene Streichholzflamme bringt die halbierte Kerzenflamme auch über dem Drahtgitter zum Brennen.

Salztrick

Fülle ein Glas randvoll mit Wasser. Gib vorsichtig noch einige zusätzliche Tropfen hinein, bis sich die Wasseroberfläche leicht wölbt. Erst wenn das Glas so aussieht, als ob nicht einmal ein Sandkorn mehr in ihm Platz, fände, schütte nach und nach den Inhalt eines kleinen Salzstreuers hinein. Was geschieht? Entgegen allen Erwartungen läuft das Wasser nicht über.

Wie ist das möglich? Die Salzmoleküle, das sind die kleinsten Einheiten dieser chemischen Verbindung, die noch die salzigen Eigenschaften aufweisen, verteilen sich zwischen den Wasserteilchen, ohne dass die dadurch entstandene Lösung ihr Volumen vergrößert.

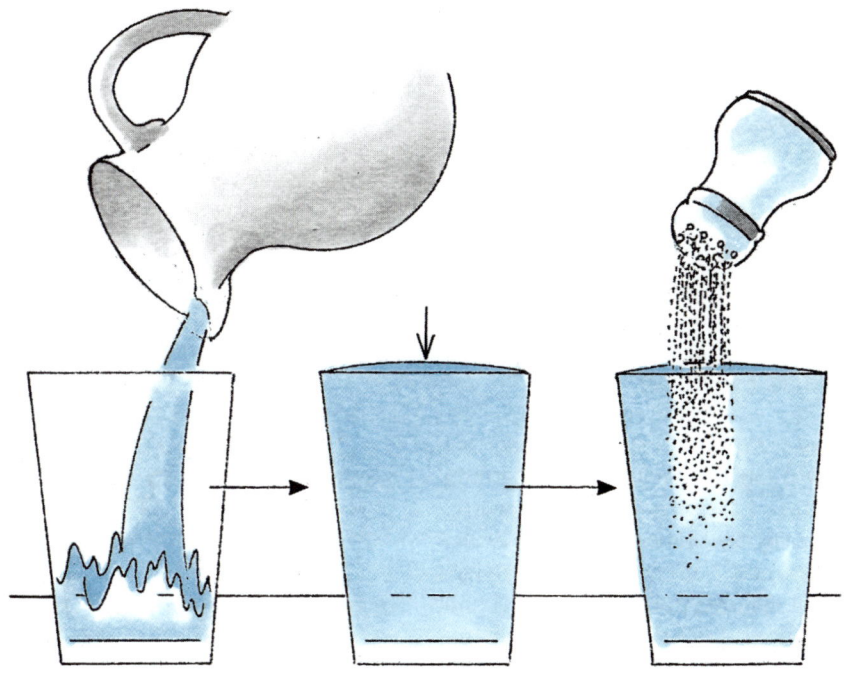

Farbwechsel

Lass dich überraschen, welche Tricks du mit Farben ausführen kannst. Für den folgenden Versuch musst du einige Vorbereitungen treffen. Bringe in einem Topf etwa einen halben Liter klares Leitungswasser zum Kochen. Schneide ein Rotkohlblatt in kleine Stücke und schütte den fein gehackten Rotkohl in das kochende Wasser. Stelle die Hitzezufuhr unter dem Topf ab und lasse den Rotkohl eine Stunde lang ziehen. In der Zwischenzeit fülle drei Gläser zur Hälfte mit Leitungswasser. Gib in das zweite Glas einen Esslöffel weißen Essig und löse in dem dritten Glas ein wenig Natron auf. Die Flüssigkeiten in den Gläsern lassen sich nicht unterscheiden. Sie könnten alle für reines Wasser gehalten werden. Schütte dann das violette Rotkohlwasser durch

ein Sieb in einen Glaskrug. Der Versuch kann beginnen. Gieße zuerst etwas von dem Rotkohlwasser in das erste Glas mit dem Leitungswasser und verrühre die beiden Flüssigkeiten mit einem Plastiklöffel. Das Wasser verfärbt sich leicht violett. Vermische anschließend ein wenig Rotkohlwasser mit dem Essigwasser im zweiten Glas. Die Flüssigkeit verfärbt sich rot. Zum Schluss gibst du unter ständigem Rühren etwas Rotkohlwasser in das dritte Glas mit der Natronlösung. Diesmal verwandelt sich die Mischung in eine grüne Flüssigkeit. Wie lassen sich die Farbumwandlungen erklären? Das violette Rotkohlwasser hat die Eigenschaft, sich in sauren Flüssigkeiten (wie Essig) rot zu verfärben und in basischen Flüssigkeiten (wie der Wasser-Natron-Mischung) grün zu werden. In Wasser gelöst, reagiert der Farbstoff des Rotkohls neutral und verfärbt sich nicht. In der Chemie gibt es eine Vielzahl von Erkennungsstoffen, so genannten »Indikatoren«, die anzeigen, ob man eine saure oder eine alkalische (basische) Flüssigkeit vor sich hat. Dabei werden Säure- und Basenstärke mithilfe einer so genannten pH-Wert-Skala, die von 0 bis 14 reicht, ausgedrückt. Reines Wasser hat den pH-Wert 7. Ist der pH-Wert kleiner als 7, so zeigt er eine saure, ist er größer als 7, so zeigt er eine basische Reaktion des Wassers an. Dieser Bereich gehört zu den Lieblingsthemen vieler Chemielehrer. Du wirst also in der Schule noch eine Menge über Säuren und Basen erfahren.

Tropfsteine züchten

Bringe in einem Topf einen Viertelliter Wasser zum Kochen. Nimm den Topf vom Herd und löse so viel Soda darin auf wie möglich. Die Mischung gießt du in zwei Trinkgläser. Stelle die Gläser an einen warmen und ruhigen Ort. Dann tauchst du ein Stück dicke Wollkordel an den Enden in die Lösungen und lässt die Kordel zwischen den Gläsern in einem Bogen durchhängen.

Stelle einen Suppenteller unter die Kordel. Lass die Gläser ein paar Tage stehen, und beobachte, was geschieht. Wichtig: Du darfst sie in dieser Zeit weder anfassen noch hochheben. Bald hängen zapfenartige Gebilde von der Mitte der Wollkordel herab, und auf dem Teller wachsen kleine, spitze Turmformen. Wenn alles Wasser verdunstet ist, sind Zapfen und Türme zu einer einzigen Säule zusammengewachsen.

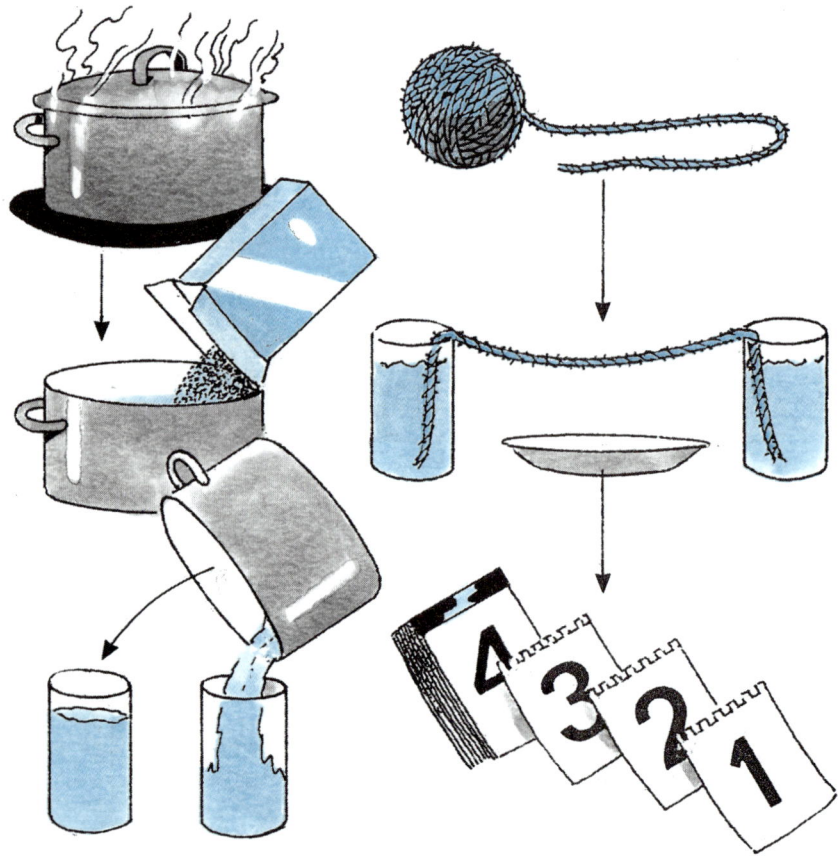

Wie lässt sich das erklären? Bei Stoffen wie Salz, Zucker oder Soda haften die Moleküle nicht so fest aneinander wie beispielsweise bei Metallen. Das Soda löst sich im Wasser, weil sich die Wasserteilchen zwischen die Moleküle drängen und sie voneinander trennen. Im heißen Wasser ist durch die heftige Bewegung der Teilchen noch mehr Soda löslich. Bei unserem Versuch steigen die Sodamoleküle zusammen mit dem Wasser an der Wollkordel hoch, fließen zur Mitte der Kordel und tropfen in den Teller. Dabei verdunstet das Wasser und lässt das wieder in Kristalle zurückverwandelte Soda zurück. In einer Tropfsteinhöhle findet derselbe Prozess statt. In Regenwasser gelöste Mineralien tropfen von den Höhlenwänden herunter und entwickeln zapfenartige Stalaktiten, die von der Decke herunterhängen, und turmähnliche Stalagmiten. die nach oben wachsen.

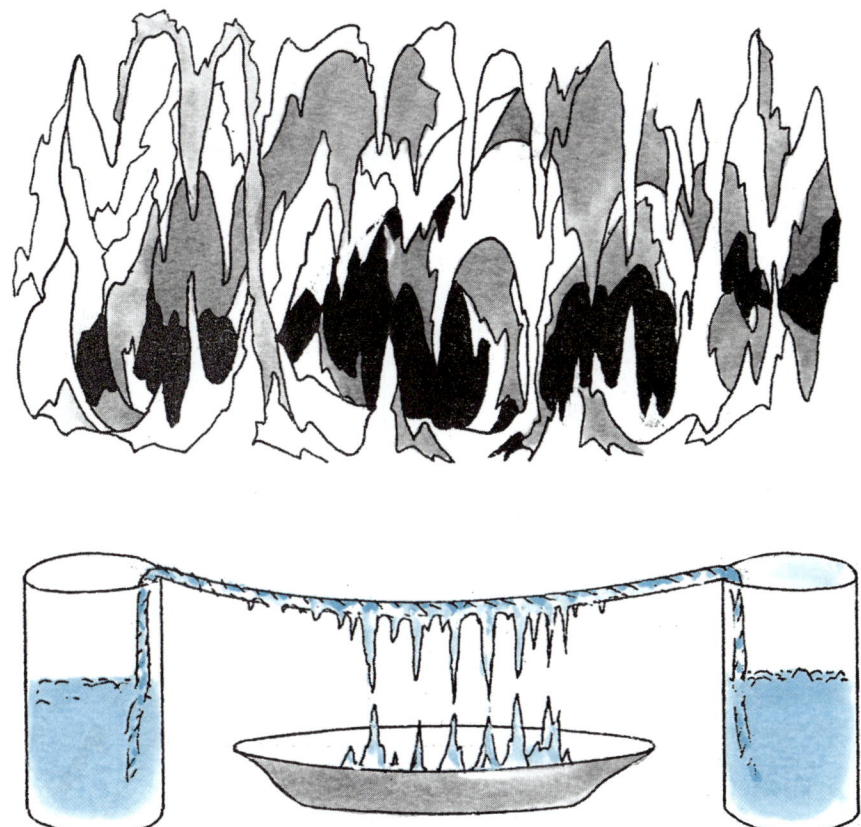

Versuche mit Pflanzen

Bis jetzt haben wir uns mit lebloser Materie beschäftigt. Mindestens ebenso interessant ist es, den Geheimnissen des Lebens auf die Spur zu kommen. Für die Versuche mit Pflanzen musst du allerdings ein wenig Geduld mitbringen. Die Vorgänge, die in Wurzeln, Stängeln und Blättern ablaufen, brauchen manchmal nur ein paar Stunden, ein andermal auch einige Tage, um sichtbar zu werden. Aber das Warten lohnt sich. Denn sicherlich hast du noch nie zugeschaut, wie eine Nelke die Farbe ihrer Blütenblätter wechselt. Genauer gesagt, die eine Hälfte der Pflanze färbt sich blau und die andere rot. Oder wusstest du, dass Pflanzen eine eigene Art von Verstand besitzen? Egal, wie herum du sie einpflanzt, ihre Wurzeln wachsen immer nach unten und ihre Stiele nach oben. Sich mit Pflanzen zu beschäftigen ist lehrreich; dass es auch Spaß macht, erfährst du auf den folgenden Seiten.

Schiefe Pflanzen

Grüne Pflanzen brauchen das Sonnenlicht, um zu überleben. Sie wachsen dem Licht sogar entgegen. Das nächste Experiment bestätigt dir das. Fülle etwas Erde in zwei Plastikschälchen und säe Kressesamen darauf. Schneide ein kleines Loch in eine Seite eines Schuhkartons. Stelle beide Schälchen auf das Fensterbrett und stülpe den Karton über eines der Schälchen. Lass die Samen einige Tage lang keimen und gieße sie während dieser Zeit regelmäßig. Was beobachtest du? Die Keimlinge der offenen Schale wachsen aufrecht, während die mit dem Schuhkarton bedeckten Keimlinge schräg stehen. Ihre Wachstumsrichtung zeigt zu ihrer einzigen Lichtquelle, dem Loch im Karton. So wie die Kresse reagieren alte grünen Pflanzen.

Nelkenwunder

Hast du dich schon einmal gefragt, wie das Wasser von den Wurzeln einer Pflanze bis nach oben in die Blüte gelangt? Hier ein Experiment, das dir hilft, einer Antwort auf diese Frage näher zukommen.

Fülle zwei Gläser mit Wasser. Verrühre in dem einen Glas rote und in dem anderen blaue Lebensmittelfarbe oder Tinte. Spalte dann den Stängel einer weißen Nelke etwa bis zur Mitte und stelle die eine Hälfte in das blaue und die andere Hälfte in das rote Wasser. Nach einigen Stunden ist die weiße Blüte der Nelke zur Hälfte rot und zur Hälfte blau geworden.

Verblüffend, nicht wahr? Das gefärbte Wasser steigt durch hauchdünne Leitungsröhren im Stängel nach oben. Während das Wasser verdunstet, lagern sich die Farbstoffe an den Röhren und in den Blütenblättern ab. Wenn du den Stängel durchschneidest, kannst du an den roten und blauen Farbflecken sehen, wo sich die Röhren befinden.

Durch Wände gehen

Verrühre etwas rote Lebensmittelfarbe in einer Tasse mit Wasser und gib die rote Farbflüssigkeit in ein Glasschälchen. Löse dann einen Teelöffel Salz in einem Glas mit Wasser auf. Stülpe ein Stück Pergamentpapier über die Glasöffnung und befestige es mit einem Gummiband. Drehe nun das Glas um und setze es in das Schälchen. Nach einiger Zeit haben die Flüssigkeiten im Glas wie im Schälchen ihre Farbe verändert. Sie sind hellrot geworden.

Wie funktioniert das? Das Pergamentpapier besitzt feine Poren, welche die Wasserteilchen und Farbpigmente durchlassen. Dadurch können sich die beiden unterschiedlichen Flüssigkeiten vermischen. Diesen Vorgang nennt man »Osmose«. Er ist zum Beispiel dafür verantwortlich, dass Wasser aus dem Boden in die Wurzeln der Pflanzen gelangt.

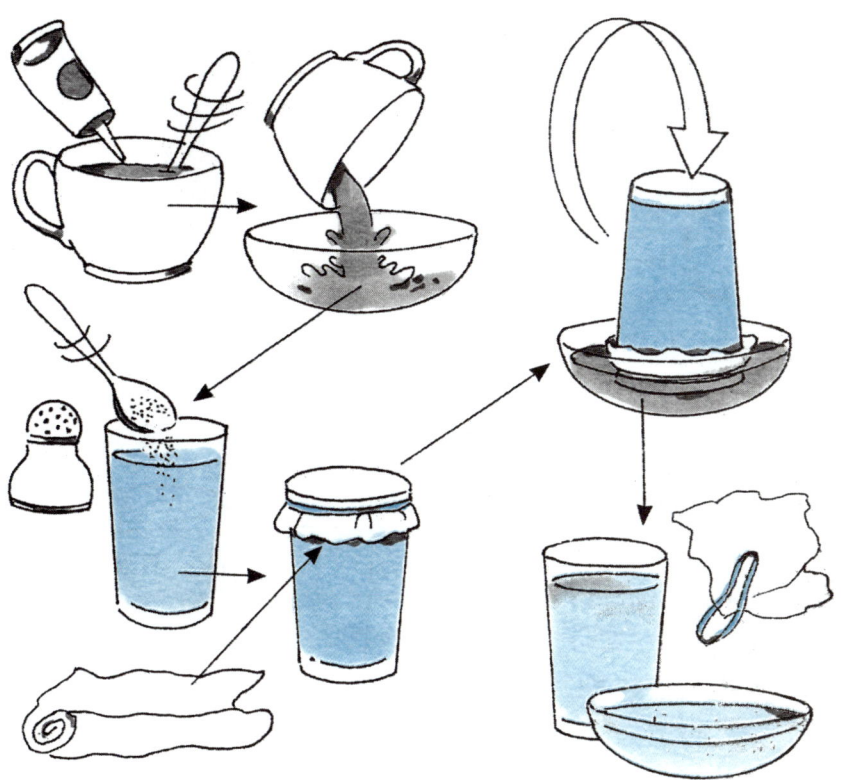

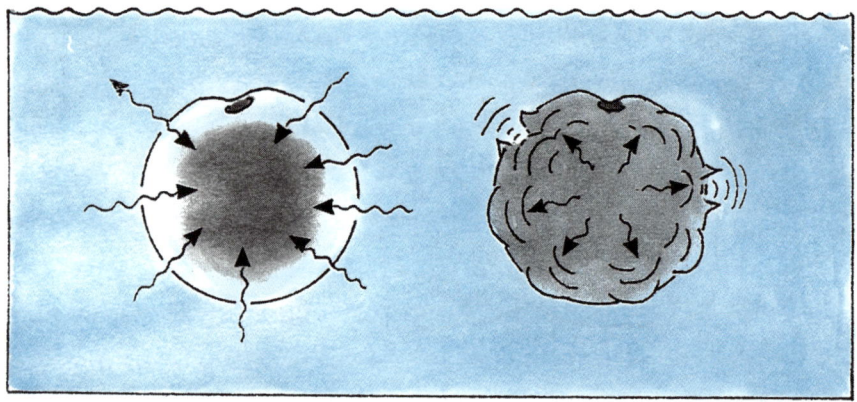

Geplatzte Kirschen

Hier noch ein Versuch, der dir bestätigt, dass Flüssigkeiten durch Zellwände wandern können.

Lege ein paar Kirschen in eine Schüssel mit Wasser. Nach einiger Zeit platzen die Kirschen auf.

Wie ist das zu erklären? Die Außenhaut einer Kirsche ist wasserdurchlässig. Im Innern der Frucht vermischt sich das eingedrungene Wasser mit dem dick-flüssigen Kirschsaft. Die Außenhaut besitzt aber kein Ventil, um die verdickte Saft-Wasser-Mischung wieder nach außen zu lassen, während weiterhin ständig neues Wasser nach innen dringt. Die Folge: Der Druck in den Zellen steigt, bis die Kirsche platzt.

Poltergeist

Den folgenden Trick sollte ich dir eigentlich nicht verraten, weil du mit ihm viele Lausbubenstreiche ausführen kannst.

Stelle ein Glas auf den Boden einer umgedrehten, leeren Konservendose. Fülle das Glas randvoll mit trockenen Erbsen und gieße sie mit Wasser auf. Nach einiger Zeit steigen die Erbsen höher, bis die ersten über den Glasrand kullern. Die unregelmäßigen Poltergeräusche der herabfallenden Erbsen können stundenlang anhalten.

Durch die winzigen Poren in den Schalen gelangt Wasser in die Erbsen. Sie quellen auf, weil der Druck in ihrem Innern steigt. Die vergrößerten Erbsen pressen sich gegenseitig durch die Glasöffnung nach oben und fallen schließlich auf den Boden der Konservendose, der ihre Aufprallgeräusche zusätzlich verstärkt.

Pflanzen mit Gefühl

Können Pflanzen fühlen oder nicht? Diese Frage beschäftigt seit geraumer Zeit Wissenschaftler und Laien gleichermaßen. Sicher hast auch du schon einmal gelesen, dass es Leute gibt, die behaupten, ihre Palme wächst bei klassischer Musik besser als bei Popmusik. Inwiefern Pflanzen Musik aufnehmen oder die Gegenwart eines Menschen spüren können, ist bis jetzt noch nicht geklärt. Erwiesen dagegen ist, dass es Pflanzen gibt, die auf Berührung reagieren. Wenn du das nächste Mal durch einen Laubwald streifst, achte auf den Sauerklee, der hier häufig wächst. Wenn du mit deiner Hand über die weit geöffneten Blätter streichst, falten sie sich zusammen. Lässt du sie eine Zeit lang in Ruhe, stellen sich die Blätter wieder auf.

Sobald du die Pflanzen berührst, vermindert sich an den Blattansätzen der Druck der Zellen. Dadurch klappen die Blätter nach unten, ohne abzubrechen. Noch erstaunlicher als der Sauerklee benimmt sich die Mimose. Bei Berührung schließt sie nicht nur ihre Blätter, sie klappt sogar das betroffene Stängelstück nach unten. Jetzt kennst du auch den Ursprung der Redensart »so empfindlich wie eine Mimose sein«.

Wendige Wurzeln

Hast du dir schon einmal die Frage gestellt, ob Pflanzen wissen, wo oben und wo unten ist? Da man sie nicht einfach fragen kann, muss man versuchen, die Antwort an ihrem Verhalten zu erkennen.

Lege fünf frische Bohnenkerne über Nacht ins Wasser. Fülle ein Einmachglas etwa einen Zentimeter hoch mit Wasser und gib einen Bogen Löschpapier hinein. Wenn das Papier nicht genau passen sollte, musst du es zurechtschneiden. Es sollte an den Innenwänden des Glases anliegen. Das Löschpapier sorgt für eine geregelte Feuchtigkeitszufuhr zu den Bohnenkernen. Stecke die Bohnenkerne zwischen das Löschpapier und die Glaswand. Damit die Bohnen keimen können, stellst du das Glas an einen dunklen Ort. Nach einigen Tagen kannst du sehen, dass an jedem Kern eine Wurzel und ein Stiel wachsen. Die Wurzeln zeigen nach unten und die Stiele nach oben. Lege nun das Glas auf die Seite. Werden Wurzeln und Stiele waagerecht weiterwachsen? Nein. Nach ein paar Tagen kannst du beobachten, dass sich die Wurzeln nach unten und die Stiele nach oben gewendet haben.

Dieser Versuch beweist, dass Pflanzen sinnesartige Anlagen besitzen, die ihre Wurzeln anleiten, dem Erdmittelpunkt zuzustreben, während sie ihre Stiele dazu bewegen, in die entgegengesetzte Richtung zu wachsen.

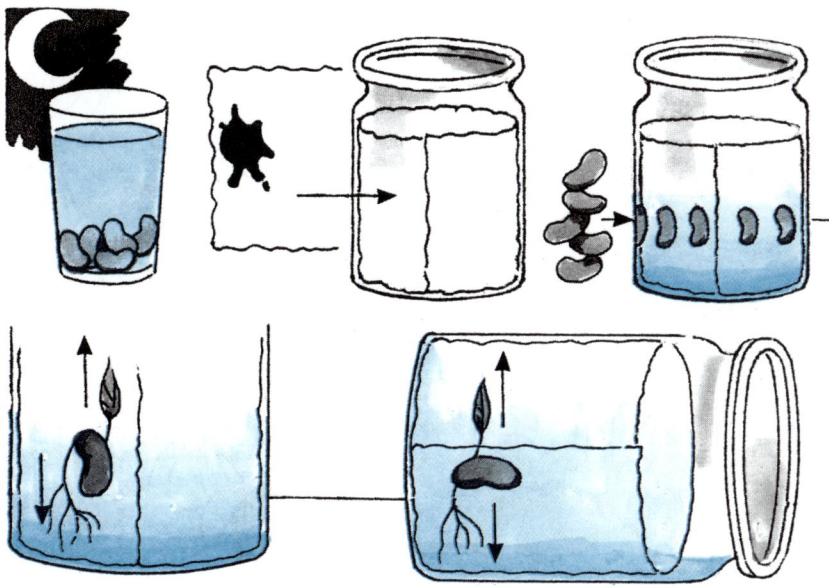

Licht zum Leben

Grüne Pflanzen brauchen das Licht der Sonne zum Leben. Ohne Licht sterben sie, während eine zusätzliche Gabe von Licht und Wärme sie in der Regel zu verstärktem Wachstum anregt. Du kannst das in einem Versuch eindeutig beweisen.

Säe in einer flachen Kunststoffschale Kressesamen aus. Stelle sie an einen sonnigen Platz und lasse die Samen eine Woche lang keimen. Dann legst du auf die Keimlinge in der einen Schalenhälfte ein Stück Karton. Über die Keimlinge in der anderen Schalenhälfte stülpst du ein großes Glas. Wenn du nach ein paar Tagen den Karton und das Glas wieder entfernst, wirst du erkennen, dass die Kresse, die mit dem Karton bedeckt war, krank und gelb aussieht. Die Keimlinge dagegen, die unter der Glashaube wuchsen, sind deutlich größer als die umliegenden Kressepflanzen.

Was ist geschehen? Der Karton entzog den Pflanzen das Licht, und sie verkümmerten. Das über die Keimlinge gestülpte Glas speicherte die Wärme der Sonnenstrahlen, sodass in seinem Innern eine höhere Temperatur als außerhalb herrschte. Die Atmosphäre im Glas ist zu vergleichen mit der Luft, die du in Treibhäusern antriffst: sie ist schwül und warm. Viele Pflanzen lieben dieses Klima und gedeihen darin dann besonders gut.

Birkenwasser

Wenn du wissen willst, wie viel Wasser sich in den scheinbar trockenen Blättern einer Birke befindet, mache den nächsten Versuch.

Schneide mit einem scharfen Messer von einer Birke einen Zweig mit grünen Blättern ab. Fülle ein Glas mit Wasser und stelle es an einen von der Sonne beschienenen Platz. Dann gießt du eine dünne Schicht Speiseöl auf das Wasser und setzt den Zweig in das Glas. Stülpe einen großen, durchsichtigen Behälter, zum Beispiel einen Glas-krug, über den Zweig. Nach ein paar Stunden wirst du winzige Tröpfchen an der Innenwand des Kruges erkennen. Sie sind das Wasser aus den Birkenblättern.

Das ist leicht zu erklären. Birkenblätter scheiden das Wasser, das der Baum durch die Wurzeln aufnimmt, durch kleine Poren in der Haut des Blattes wieder aus. Wärme beschleunigt diesen Vorgang. Das Öl verhindert, dass das Wasser in dem Glas verdunstet. Deshalb sind die Tröpfchen im Krug tatsächlich »Birkenwasser«.

Aufgerollter Stängel

Schneide eine Löwenzahnblüte mit einem etwa fünf Zentimeter langen Stängel ab. Dann schneidest du den Stängel auf einer Länge von etwa drei Zentimetern kreuzweise ein und stellst die Pflanze in ein mit Wasser gefülltes Glas. Nach kurzer Zeit kannst du beobachten, dass sich die vier Stängelspitzen wie Spiralen aufrollen. Was ist passiert? Wie du beim Abschneiden der Pflanzen gesehen hast, ist das Innere des Stängels mit einer schwammartigen Zellschicht gefüllt. Diese Schicht steht unter Druck und gibt dem Stängel seine Festigkeit. Wenn du den Stängel einschneidest und ins Wasser stellst, nimmt die Zellschicht die Wasserteilchen auf. Sie dehnt sich aus, während die äußere Haut des Stängels starr bleibt. Die Folge: Die vier Stängelspitzen rollen sich auf.

Blüte mit Muster

Wenn du ein wenig geschickt bist, kannst du von Ameisen auf die Blüte einer Glockenblume ein Muster auftragen lassen.

Pflücke dazu eine Glockenblume und halte sie kurz an einen Ameisenhaufen. Voraussetzung ist natürlich, dass du sowohl eine Glockenblume als auch einen Ameisenhaufen findest. Ziehst du die Blume weg, sind die Blütenblätter von roten Farbtupfern übersät.

Des Rätsels Lösung: Die Ameisen fühlen sich durch die Blüte bedroht und besprühen sie mit einer Flüssigkeit aus ihrem Hinterleib, der Ameisensäure. Das Tröpfchenmuster auf der Blüte entsteht, weil sich violette Pflanzenfarbstoffe in sauren Flüssigkeiten rot färben. Gehe bei diesem Versuch besonders umsichtig vor und beschädige nicht den Ameisenhaufen. Rote Waldameisen halten die Bäume von Schädlingen frei. Sie stehen unter Naturschutz. Du darfst sie aber bei ihrer emsigen Tätigkeit beobachten.

Experimente zum Umweltschutz

Täglich erreichen uns neue Schreckensmeldungen, wie sehr unsere Umwelt geschädigt ist. Fieberhaft versuchen Wissenschaftler seit Jahren, wirksame Lösungen zu finden, wie wir unseren enormen Energieverbrauch senken und unsere wachsenden Müllberge abbauen können, Sie versuchen, vorhandene Energiequellen, wie Sonnen-, Wind- oder Wasserkraft, zu nutzen und umweltfreundliche Stoffe zu finden. welche die schädlichen Substanzen überflüssig machen.

In diesem Kapitel findest du Experimente, die Lösungsansätze zeigen. Du erfährst, dass es möglich ist, auch ohne Herd eine Kartoffel zu garen. Du beobachtest Regenwürmer beim Lockern des Erdreiches und lernst einen umweltfreundlichen Klebstoff kennen, den du selbst herstellen kannst. Wenn du die Versuche auf den nächsten Seiten durchgeführt hast, weißt du mehr darüber, wie viele Kräfte um uns herum wirksam sind, die wir längst noch nicht nutzen.

Wasser aus Sand

Selbst in der Wüste könntest du noch aus Sand Wasser gewinnen. Führe diesen Versuch am Strand oder im Sandkasten aus. Du brauchst dazu etwas Plastikfolie, einen Becher und einige Steine.

Grabe ein etwa dreißig Zentimeter tiefes Loch in den Sand und stelle einen Becher hinein. Spanne nun die Plastikfolie über das Loch und beschwere sie am Rand mit Steinen. Einen kleinen Stein legst du in die Mitte der Folie, sodass sie zum Becher hin trichterförmig durchhängt. Sobald die Sonne scheint, bilden sich an der Unterseite der Folie Wassertröpfchen. Im Laufe des Tages werden sie größer, rinnen an der Folie nach unten und fallen in das Glas.

Die Sonne erwärmt den Sand unter der Folie und lässt Feuchtigkeit aus dem Boden als Wasserdampf aufsteigen. Sobald der Dampf mit der Folie in Berührung kommt, kondensiert er zu Wassertröpfchen.

Achtung: Trinke das aus dem Sand gewonnene Wasser nicht, weil es gefährliche Keime enthalten kann.

Kochen mit Sonnenenergie

Energie sparen ist vernünftig. Dass es auch Spaß macht, zeigt dir der folgende Versuch.

Kleide einen runden Weidenkorb oder eine Salatschüssel innen mit Aluminiumfolie aus. Die glänzende Seite liegt außen. Streiche die Folie mit einem Löffel möglichst glatt und befestige sie an den Rändern der Schüssel mit Klebestreifen. Reiße die Folie in der Mitte etwas auf, und drücke einen Saughaken auf den Boden der Schüssel. Spieße nun eine kleine, rohe Kartoffel auf den Haken. Wenn du die so vorbereitete Salatschüssel an einem heißen Tag um die Mittagszeit in die Sonne stellst, wird die Kartoffel nach einiger Zeit gar. Drehe die Schüssel genau zur Sonne und richte sie ab und zu wieder neu aus.

Wie ist das möglich? Die Aluminiumfolie reflektiert die Sonnenstrahlen und bündelt sie in einem Punkt über der Mitte der Schüssel. Bei der dort entstehenden hohen Temperatur wird die Kartoffel gegart. Die Wärmekonzentration in Hohlspiegeln wird in tropischen Gegenden bereits seit langem zum Kochen von Speisen genutzt. Darüber hinaus gibt es auch riesige Hohlspiegel, die industriell zum Entsalzen des Meerwassers, zur Stromerzeugung und sogar zum Schmelzen von Eisen verwendet werden.

Natürlicher Klebstoff

Wie du sicher weißt, enthalten viele Klebstoffe giftige Lösungsmittel, deren Dämpfe du nicht einatmen darfst. Aus rohen Kartoffeln kannst du einen völlig ungiftigen und umweltfreundlichen Klebstoff herstellen.

Schäle eine rohe Kartoffel und reibe sie in eine Schüssel, die du vorher mit einem sauberen Leinentuch ausgelegt hast. Gieße eine Tasse Wasser hinzu, fasse das Leinentuch mit den Kartoffelstückchen und presse die Masse zusammen. Dabei läuft bräunlicher Kartoffelsaft in die Schüssel. Höre erst auf zu drücken, wenn du aus dem Tuch keinen Tropfen Saft mehr herauswringen kannst. Lass die Schüssel etwa eine Stunde lang stehen, bis sich auf dem Boden eine Schicht weiße Kartoffelstärke abgesetzt hat. Gieße nun vorsichtig die überstehende Flüssigkeit ab.

Um aus der zurückgebliebenen Stärke Klebstoff zu machen, gib sie in einen kleinen Kochtopf. Gieße eine halbe Tasse Wasser hinzu und erhitze die Masse unter ständigem Rühren. Sobald die Flüssigkeit Blasen wirft und quillt, nimmst du sie vom Herd. Dein Klebstoff ist fertig. Fülle ihn in kleine, gut verschließbare Glasgefäße um.

Wurmhaus

»Igitt, ein Regenwurm«, sagen viele. Sie wissen nicht, wie nützlich diese Würmer für das Wachstum der Pflanzen sind. Regenwürmer vermischen und lockern den Boden, indem sie Gänge ins Erdreich graben. Sie ernähren sich von verwesenden Pflanzenteilen und wandeln die darin enthaltenen Nährstoffe in wertvollen Humus um. Wenn du ein Wurmhaus anlegst, kannst du die Tätigkeit von Regenwürmern beobachten.

Du brauchst dazu ein großes, sauberes Konservenglas mit einem Metallverschluss. Schlage mit einem Dosenöffner (Dorn) mehrere Löcher in den Deckel. Fülle eine etwa zwei Zentimeter dicke Schicht feuchte Gartenerde in das Glas und setze drei bis vier Regenwürmer darauf. Gib dann eine dünne Schicht Sand auf die Würmer. Fülle abwechselnd Erde und Sand in das Glas und lege als letzte Schicht einige grüne Blätter darauf. Setze den durchlöcherten Deckel auf. Damit für die Würmer möglichst ähnliche Bedingungen wie unter der Erde herrschen, wickle mehrere Lagen Zeitungspapier um das Glas und stelle es an einen kühlen Ort. Wichtig: Die Luftlöcher dürfen nicht verdeckt werden.

Nach drei bis fünf Tagen kannst du zum ersten Mal nachschauen, was die Würmer in der Zwischenzeit gemacht haben. Die ursprünglich klar getrennten Erdschichten wirst du wahrscheinlich kaum noch erkennen können. Die Würmer haben sie vermischt. Vielleicht entdeckst du auch einige Wurmgänge oder erkennst kleine Blattstückchen im Boden. Wenn du alles gesehen hast, was du wolltest, verdunkele dein Wurmhaus wieder mit den Zeitungen. Schaue nun alle paar Tage nach, was sich verändert hat. Vergiss nicht, von Zeit zu Zeit die Erde etwas zu gießen. Damit die Würmer keinen Schaden nehmen, musst du das Glashaus nach spätestens einem Monat wieder auflösen. Setze dann die Würmer mitsamt der Erde wieder in das Garten- oder Waldstück zurück, aus dem du sie herausgeholt hast. Erschrick nicht, wenn sich plötzlich mehr Würmer im Glas befinden, als du damals hineingetan hast, denn sie vermehren sich relativ schnell.

Brennglas

Wie kann man, ohne ein Streichholz oder ein Feuerzeug zu benutzen, nur mithilfe von Sonnenenergie ein Blatt Papier anzünden? Ganz einfach: Du verwendest eine Lupe als Brennglas. Halte an einem sonnigen Tag eine ganz normale Lupe im Freien über ein Stück Papier. Dort, wo sich die Sonnenstrahlen, die durch die Lupe fallen, auf dem Papier konzentrieren, entsteht ein heller Fleck. Wenn du den Abstand der Lupe zum Papier veränderst, siehst du den Fleck mal kleiner und mal größer werden. In einer bestimmten Entfernung wird aus dem Fleck ein kleiner, weißer Punkt. Halte diesen Punkt für eine kurze Zeit möglichst ruhig auf das

Papier gerichtet, und das Blatt wird sich an dieser Stelle erst dunkel färben und dann entzünden.

Mit dem Lupentrick kannst du sogar eine recht spektakuläre Miniexplosion auslösen. Stelle dazu drei Streichhölzer hochkant so auf einen Blechdeckel, dass sie sich mit den Köpfen berühren. Halte den Brennpunkt der Lupe direkt auf die Streichholzköpfe, und kurz darauf werden die Hölzchen mit einem kräftigen Zischen aufflammen. Wieso lässt sich mit einer Lupe Holz oder Papier anzünden? Die Lupe wirkt bei unserem Versuch wie ein Brennglas. Sie bündelt die Sonnenstrahlen im so genannten Brennpunkt. Die Hitzeeinwirkung ist so groß, dass man mit einem Brennglas ein Feuer entfachen kann.

Süßwasser gewinnen

Fast drei Viertel der Erdoberfläche sind von den Weltmeeren bedeckt. Doch das Meerwasser kann man nicht trinken, weil es zu viel Salz enthält. In großen Entsalzungsanlagen besteht die Möglichkeit, das Salz zu entfernen. Mit dem folgenden Versuch kannst auch du Salzwasser wieder in Süßwasser umwandeln.

Fülle einen Kessel mit Wasser und verrühre etwa drei Esslöffel Salz darin. Das Wasser muss eindeutig salzig schmecken. Verschließe den Kessel und erhitze das Wasser, bis es kocht. Sobald Dampf austritt, stelle ein Glas unter die Tülle. Ziehe dir zum Schutz vor Verbrühungen einen Handschuh-

topflappen über und halte einen Löffel in den Dampf. Sofort bilden sich Wassertröpfchen am Löffel, die in das Glas fließen. Nach kurzer Zeit kannst du den Löffel wegziehen und das Wasser probieren. Es ist Süßwasser.

Wie funktioniert das Experiment? Am kalten Löffel kondensiert der Wasserdampf zu Wassertröpfchen. Das Salz kann nicht verdunsten und bleibt im Kessel zurück. Deshalb findest du in dem Glas, in das die Wassertröpfen vom Löffel geflossen sind, reines Süßwasser.

Wasser reinigen

In Haushalten und Fabriken werden täglich große Mengen von Wasser verbraucht. Dieses Abwasser wird in Kläranlagen von schädlichen Stoffen gereinigt und dann in die Flüsse geleitet. Hier ein Versuch, der dir zeigt, wie man schlammiges Wasser reinigen kann. Du brauchst dazu nur zwei kleine Eimer und ein sauberes Leinentuch, wie zum Beispiel ein Küchenhandtuch.

Fülle einen der Eimer mit dem schlammigen Wasser und stelle ihn auf mehrere übereinander gestapelte Holzbrettchen. Den anderen Eimer stellst du direkt daneben auf den Boden. Tauche das Tuch mit einem Ende in das Schmutzwasser und lass es mit dem anderen Ende in den leeren Eimer hängen. Nach einiger Zeit tropft klares Wasser in den unteren Eimer.

Wie lässt sich das erklären? Wasser besitzt die Eigenschaft, in engen Röhren und Zwischenräumen nach oben zu steigen. Durch diese so genannten »Kapillarkräfte« überwindet es die Schwerkraft und steigt durch die winzigen Löcher im Leinengewebe nach oben bis zum Rand des Eimers. Von dort fließt es in den tiefer stehenden Eimer ab. Die Schlammteilchen werden dabei vom Wasser nicht mitgenommen. Sie bleiben in dem oberen Eimer zurück.

Achtung: Das Wasser darfst du nicht trinken. Es könnte noch gefährliche Keime enthalten.

Schadstoffe in der Luft

Mit dem folgenden Versuch kannst du herausfinden, welche Chemikalien, die im Haushalt verwendet werden, giftige Dämpfe an die Raumluft abgeben.

Du brauchst dazu nur zwei Weckgläser mit Deckel, zwei Wassergläser, zwei Geranienblätter, ein Reststück Zeichenkarton, etwas Geschirrspülmittel und Klebeband. Schneide aus dem Karton eine runde Scheibe aus, die genau in einen der Weckglasdeckel passt. Setze die Kartonscheibe in einen der beiden Glasdeckel ein und tränke sie mit Geschirrspülmittel. Dann stellst du die beiden Glasdeckel an einen warmen, hellen Ort. Fülle zwei Gläser mit Wasser, stelle die Geranienblätter hinein und setze die Gläser in die Deckel.

Drücke nun die Weckgläser mit der Öffnung nach unten auf die Deckel und verschließe beide Gläser luftdicht mit einem Klebeband. Nach kurzer Zeit kannst du beobachten, wie sich das Blatt gelb färbt, das auf der mit Geschirrspülmittel getränkten Kartonscheibe steht. Das Blatt in dem zweiten Weckglas dagegen behält seine grüne Farbe.

Schon mit diesem einfachen Versuch bist du in der Lage nachzuweisen, dass selbst »harmlose« Spülmittel Dämpfe bilden, die Pflanzen schädigen. Sie stellen somit eine Schadstoffquelle für die Raumluft dar. Mit dem gleichen Versuch kannst du auch andere Reinigungsmittel sowie Klebstoffe und Farben auf giftige Dämpfe untersuchen. Wichtig: Sammle die mit Lacken und Farben getränkten Pappscheiben in einem luftdicht abgeschlossenen Behälter und gib sie in der nächsten Apotheke oder an einer Mülldeponie ab. Die Pappscheiben sind nämlich »Sondermüll«.

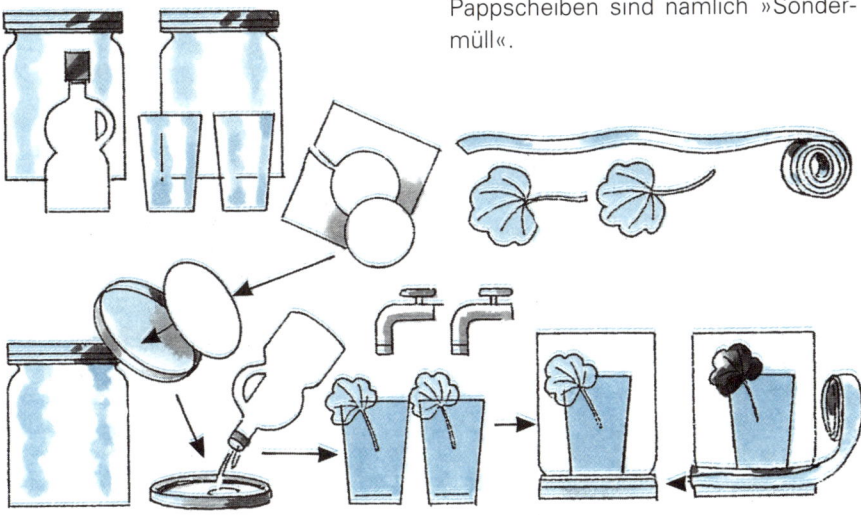

Kleiner Kühlschrank

Kurz nach einem Gewitterregen im Sommer sind die Dächer und Straßen bereits wieder trocken. Das Wasser ist verdunstet. Immer wenn Flüssigkeit von einer Oberfläche verdunstet, wird Wärme verbraucht und die Oberfläche kühlt ab. Du kannst diesen Vorgang dazu nutzen, eine kleine Limonadenflasche oder ein Gefäß mit Butter an einem heißen Sommertag mehrere Stunden lang kühl zu halten. Lege einen Blumentopf aus Ton etwa eine Viertelstunde lang ins Wasser. Dann füllst du eine Schüssel zwei Zentimeter hoch mit Wasser und stellst die Limonadenflasche hinein. Stülpe den Tontopf darüber und verschließe die Öffnung im Boden des Topfes mit einem

Stein. Du wirst sehen, auch nach Stunden kannst du immer noch kühle Limonade aus der Flasche trinken.
Wie ist das möglich? Der Tontopf ist vollgesogen mit Wasser, wenn du ihn über die Limonadenflasche stülpst. In der Sommerhitze beginnt dieses Wasser zu verdunsten und entzieht dem Topf Wärme. Die Luft ist daher im Innern des Topfes deutlich kühler. Der Ton trocknet nicht aus, weil er aus der Schüssel neues Wasser nachsaugt.

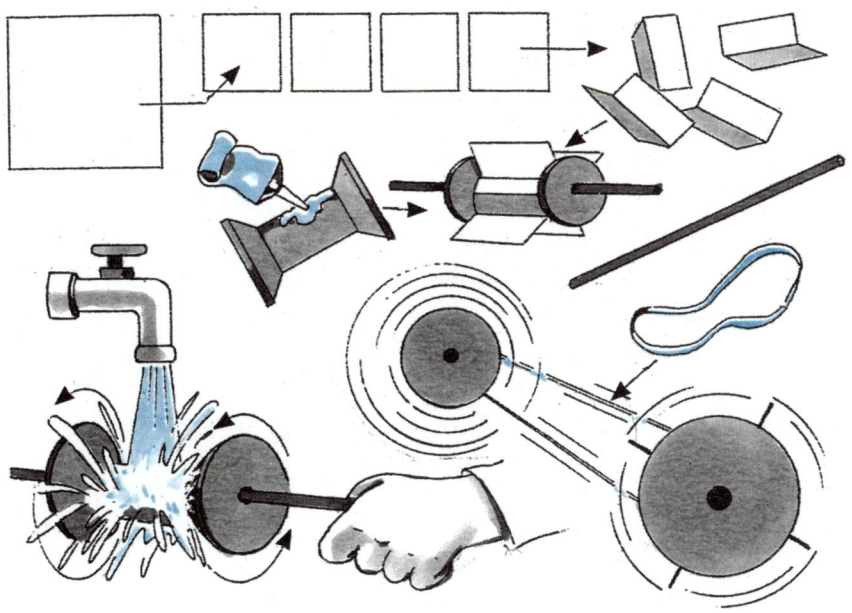

Wasserrad

Schon vor Jahrtausenden trieben Wasserräder die Schöpfwerke zur Bewässerung der Felder an. Ein Wasserrad funktioniert nach einem einfachen Prinzip: Die Kraft des fließenden Wassers drückt auf die Schaufeln des Rades. Dadurch gerät es in eine Drehbewegung und treibt die durch eine Achse verbundenen Maschinen mit an. Auch du kannst dir ein kleines Wasserrad bauen.

Du brauchst dazu eine leere Garnrolle, ein dünnes Holzstäbchen, ein Reststück Zeichenkarton, eine Schere und etwas Klebstoff. Schneide aus dem Karton vier Quadrate mit einer Seitenlänge von 3 x 3 Zentimetern aus. Knicke jedes Quadrat in der Mitte.

Dann bestreichst du die Garnrolle mit Klebstoff und setzt die Kartonstücke hintereinander so auf, dass sie jeweils mit einer Hälfte auf der Rolle kleben und mit der anderen Hälfte abstehen. Wenn du nun das Holzstäbchen durch das Loch in der Garnrolle steckst und das Ganze unter fließendes Wasser hältst, wird sich das Wasserrad drehen. Stecke durch eine dünnere Garnspule ebenfalls ein Holzstäbchen und verbinde beide Spulen mit einem Gummiring. Halte das Wasserrad wieder an den Strahl und spanne den Gummiring mit der zweiten Garnspule. Du wirst sehen, dass sich die Kraft des Wassers auch auf diese Spule überträgt. Weil die zweite Spule dünner ist, dreht sie sich sogar noch schneller als das Wasserrad.

141

Unterhaltsames für Tüftler

Du kannst mit Papier eine rohe Kartoffel durchschneiden, und du bist auch ohne weiteres in der Lage, einen Papierring vor den Augen deiner Freunde in zwei ineinander hängende Ringe zerfallen zu lassen. Du kannst aber auch deine Freunde auffordern, sich zu bücken oder ein Bein hochzuheben, und es wird ihnen nicht gelingen. Ebenso wenig werden sie es auf Anhieb schaffen, Münzen in einen Joghurtbecher fallen zu lassen.

Wie das alles funktioniert, erfährst du auf den folgenden Seiten. Die Experimente sind leicht durchzuführen, und was dabei herauskommt, wirkt wie die Tricks eines Zauberkünstlers. Dabei geht alles durchaus mit rechten Dingen zu. Deinen Freunden kannst du anschließend sogar erklären, worin die »Geheimnisse« deiner Experimente liegen.

142

Sichtbarer Pulsschlag

An den Handgelenken, am Hals und an den Schläfen kannst du deinen Pulsschlag mit den Fingern ertasten. Hier ist ein schönes Experiment, mit dem du deinen Puls nicht nur fühlen, sondern auch sehen kannst.

Spieße ein Streichholz mit dem unteren Ende auf den Dorn einer Reißzwecke. Lege deinen linken Arm so vor dich auf den Tisch, dass dein Handgelenk nach oben zeigt. Ertaste deinen Pulsschlag und setze den Kopf der Reißzwecke vorsichtig auf diese Stelle. Das aufgesteckte Streichholz zeigt nach oben. Wenn du den Arm ganz ruhig hältst, wirst du sehen, wie das Streichholz leicht hin und her schwingt. Das ist dein Pulsschlag. Zähle, wie oft in der Minute er in der Ader schlägt.

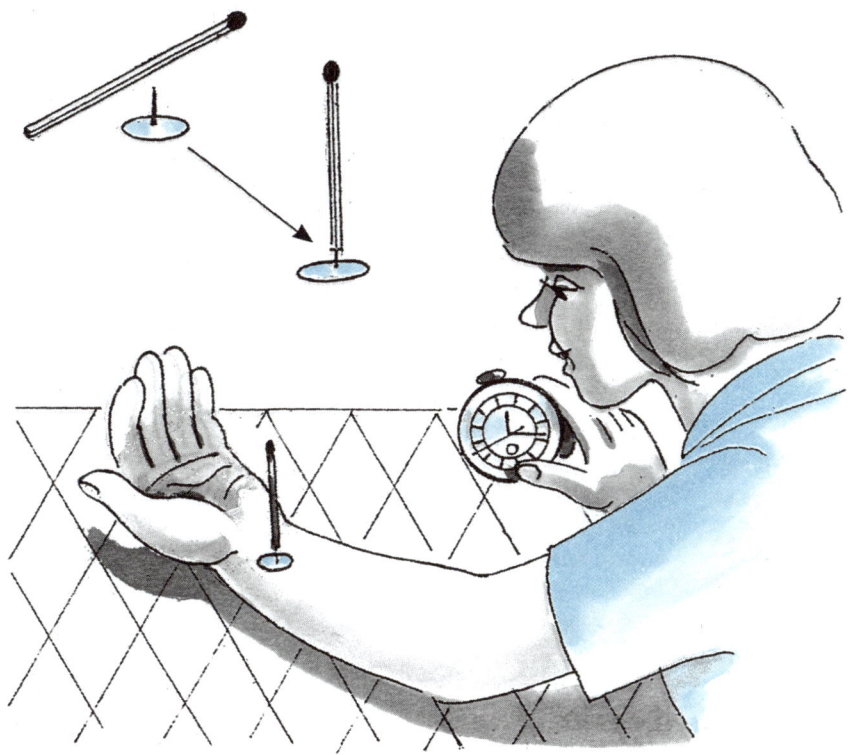

Drehflügler

Papierflugzeuge können nicht nur waagerecht geradeaus fliegen. Hier ist ein Flieger, der ähnlich wie ein Hubschrauber funktioniert und sich rotierend eine Zeit lang in der Luft hält.

Schneide einen Papierstreifen mit den Maßen 3 x 15 Zentimeter zu. Schau dir die Vorlagenzeichnung an und schneide deinen Streifen entlang der durchgezogenen Linien ein. Falte Teil 1 an der gestrichelten Linie nach vorn und klappe Teil 2 darüber. Knicke Teil 1 an der Hilfslinie nach oben. Für die Flügel falte Teil 5 nach hinten und Teil 4 nach vorn und schiebe eine Büroklammer über Teil 3. Wirf dein Papierflugzeug hoch in die Luft. Sobald es am höchsten Punkt angekommen ist, stürzt es erst ein Stück senkrecht nach unten. Dann breitet es seine Flügel aus, bremst seinen Fall und beginnt zu rotieren. Noch mehr Spaß an deinem Drehflügler bekommst du, wenn du ihn vom Balkon oder aus einem Fenster fallen lässt. Vorsicht: Lehne dich dabei nicht zu weit hinaus!

Was bremst den Sturzflug deines Papierflugzeuges? Sobald sich seine Flügel drehen, drücken sie die Luft unter den Papierrotoren zusammen und lassen den Drehflügler sanft zu Boden gleiten.

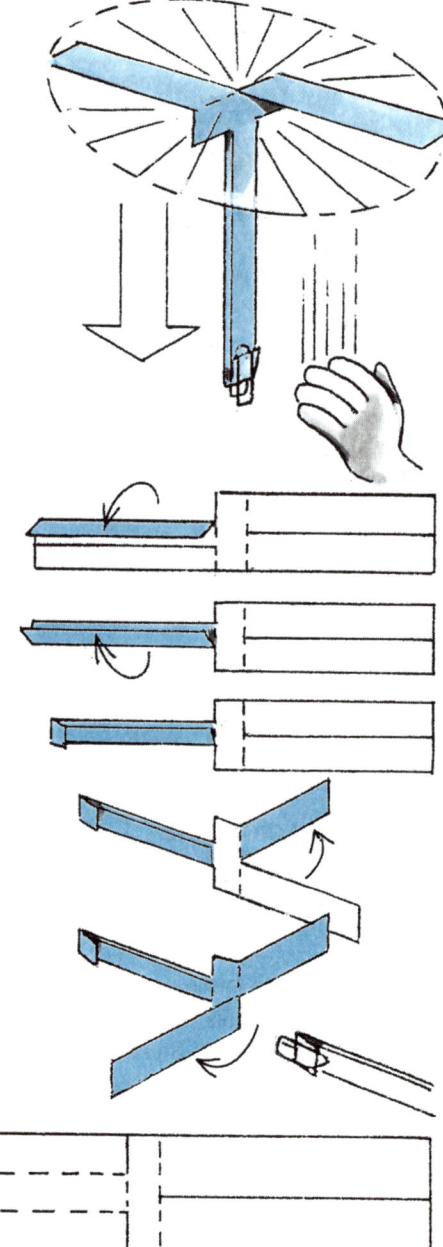

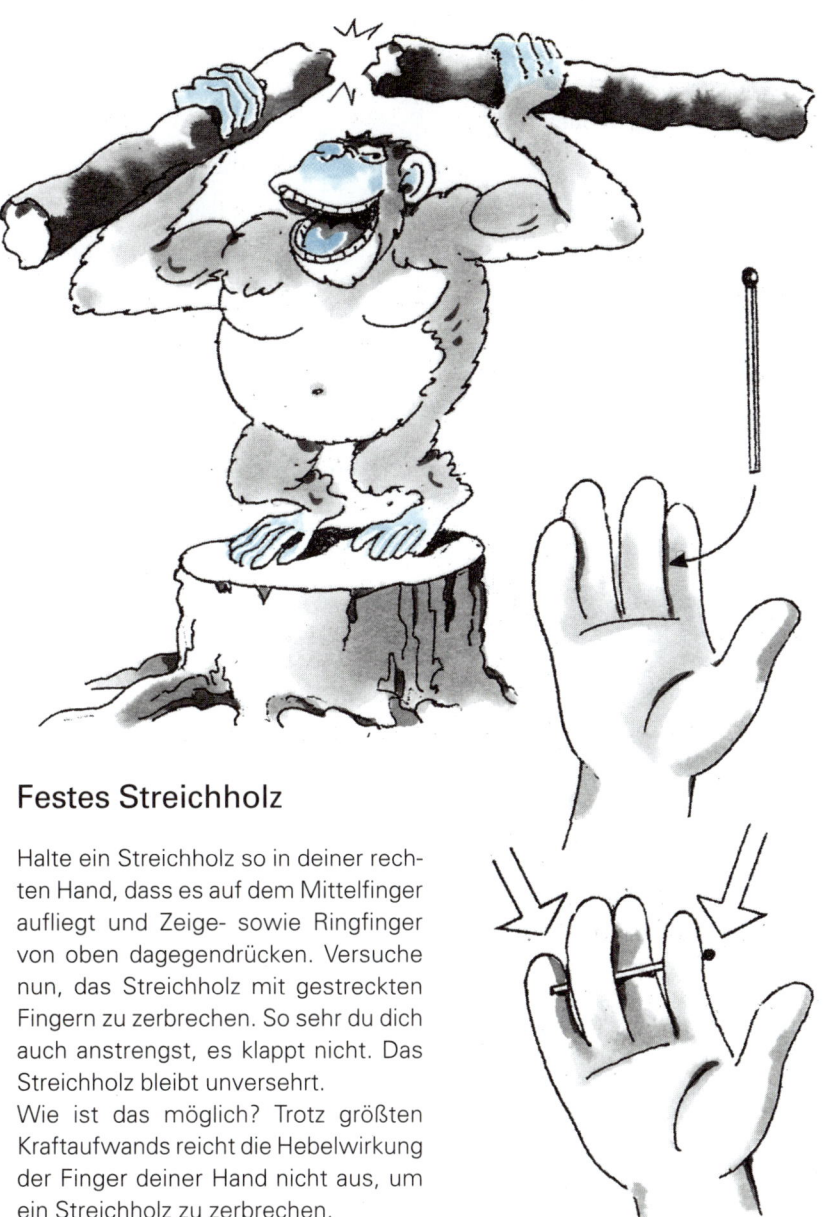

Festes Streichholz

Halte ein Streichholz so in deiner rechten Hand, dass es auf dem Mittelfinger aufliegt und Zeige- sowie Ringfinger von oben dagegendrücken. Versuche nun, das Streichholz mit gestreckten Fingern zu zerbrechen. So sehr du dich auch anstrengst, es klappt nicht. Das Streichholz bleibt unversehrt.

Wie ist das möglich? Trotz größten Kraftaufwands reicht die Hebelwirkung der Finger deiner Hand nicht aus, um ein Streichholz zu zerbrechen.

Spaßgymnastik

Glaubst du, dass es dir stets gelingt, deine Zehen zu berühren? Wenn du meinst das sei ganz einfach, dann mache einmal folgende Übung: Halte die Beine gestreckt und beuge den Oberkörper nach unten. Es klappt: Deine Fingerspitzen stoßen an deine Zehen. Wiederhole jetzt noch einmal diese Bewegung. Stelle dich aber diesmal mit dem Rücken so nahe an eine Wand, dass du sie mit den Fersen berührst. Nun schaffst du es nicht mehr, deine Zehen zu berühren.

Es gibt scheinbar ganz leichte Bewegungen, die dennoch niemand ausführen kann. Frage zum Beispiel deinen Freund, ob er sein rechtes Bein seitlich hochheben kann. Die einzige Bedingung ist: Er muss sich dabei mit geschlossenen Füßen so an eine Wand stellen, dass er sie mit der linken Schulter und dem linken Fuß berührt. Ich garantiere dir, dass er sich anstrengen kann, so viel er will: Sein rechtes Bein bleibt wie angewurzelt auf dem Boden stehen. Wieder ist es dein Schwerpunkt, der dir nicht gestattet, dich hier frei zu bewegen. Mit jeder

Körperbewegung verändert sich die Stellung deines Schwerpunkts. Bückst du dich, musst du als Ausgleich deinen Hintern nach hinten strecken, sonst verlierst du das Gleichgewicht und landest mit allen vieren auf dem Boden.

Schneidendes Papier

Kann man mit Papier eine rohe Kartoffel durchschneiden? Mache folgenden Versuch, und du wirst sehen, ob es funktioniert.

Falte ein Blatt Schreibpapier in der Hälfte und lege es so um ein Messer, dass es am Knick genau über der Schneide sitzt. Wenn du mit der papierumwickelten Schneide jetzt auf eine rohe Kartoffel drückst, kannst du sie zerteilen, ohne das Papier zu beschädigen.

Während das Messer die Kartoffel zerschneidet, drückt es auf das Papier. Gleichzeitig übt die Kartoffel von der anderen Seite einen Gegendruck aus. Da aber die Kartoffel weicher ist als die Papierfasern, gibt sie nach, und das Papier wird nicht zerschnitten.

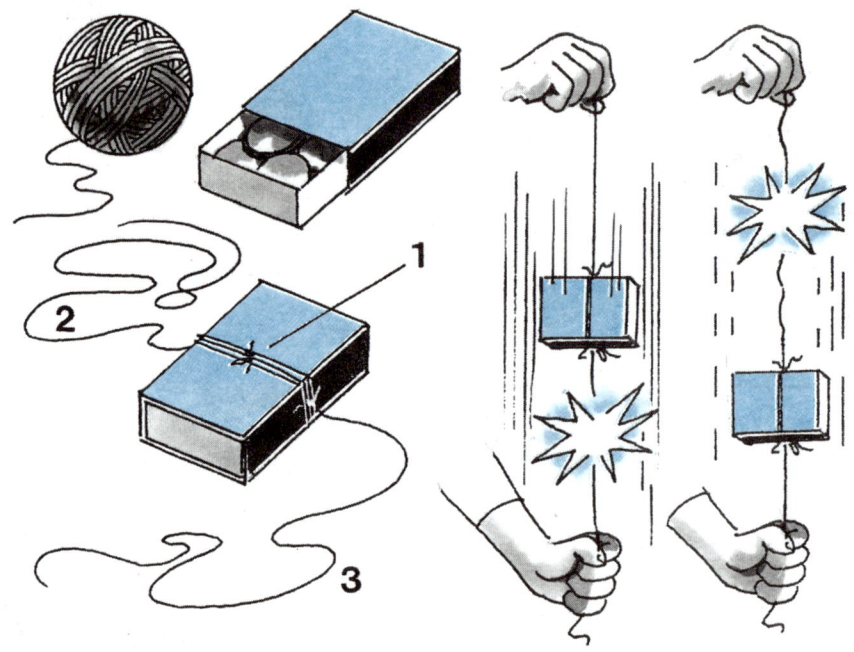

Zaubergarn

Für das nächste Experiment brauchst du ein Garn, das du leicht zerreißen kannst. Schneide drei etwa 50 Zentimeter lange Garnstücke zu und fülle eine Streichholzschachtel mit Münzen. Binde eines der Stücke um die Schachtel. Die beiden anderen Teile knotest du oben und unten an der Schachtel fest. Halte nun die Streichholzschachtel am oberen Garnstück in die Höhe und ziehe das untere Stück mit einem kräftigen Ruck nach unten. Was passiert? Das untere Garn reißt. Knote ein neues Stück an die Schachtel und wiederhole den Versuch.

Ziehe diesmal langsam und gleichmäßig an dem unteren Garnende. Jetzt zerreißt das obere Stück.

Weil die Schachtel zu träge ist, um einer plötzlichen Bewegung zu folgen, wird durch einen kurzen, kräftigen Ruck nur das untere Garnteil belastet. Ein langsamer Zug dagegen dehnt das obere Garnstück. Es muss nicht nur der Zugkraft deines Armes, sondern auch dem Gewicht der Schachtel standhalten und reißt deshalb.

Augenmaß

Setze einen Joghurtbecher auf einen Tisch. Ein Freund von dir stellt sich einige Schritte davon entfernt auf und hält sich das rechte Auge zu. Du hältst nun mit ausgestrecktem Arm eine Münze so über den Tisch, dass sie sich nicht über dem Becher befindet. Dein Freund soll jetzt deinen Arm dirigieren, bis er sich seiner Meinung nach direkt über dem Becher befindet. Auf sein Kommando lässt du die Münze los. Zähle, wie viele Geldstücke er braucht, bis die erste Münze in den Becher fällt.

Danach tauscht ihr die Plätze, und du sagst deinem Freund, wie er den Arm halten soll, damit die Münze den Becher trifft.

Du hast zwei Augen, mit denen du auch zwei Bilder siehst. Jedes Auge übermittelt dem Gehirn eine etwas unterschiedliche Botschaft. Dein Gehirn vergleicht diese beiden Eindrücke und verschafft dir daraus ein dreidimensionales Bild. Damit schätzt du die Entfernungen und die räumliche Tiefe ab. Wenn du dir ein Auge zuhältst, machst du es deinem Gehirn schwer, Entfernungen richtig einzuschätzen. Es muss sich erst eine Weile an die neuen Bilder gewöhnen, bevor es sie richtig bewerten kann.

Schneller Bleistift

Dein Freund wird auf diesen Trick garantiert hereinfallen.

Bitte ihn, seine Hand so zu hatten, als ob er nach einem Glas greifen wollte. Dann hältst du einen Bleistift senkrecht über seine Hand. Frage deinen Freund, ob er in der Lage ist, den Bleistift zu fangen, wenn du ihn loslässt. Natürlich glaubt er, den Stift greifen zu können. Lass den Bleistift los, und dein Freund wird feststellen, dass es ihm doch nicht gelingt den Stiel zu packen.

Des Rätsels Lösung: Das Gehirn deines Freundes reagiert zu langsam. Sobald die Nerven vom Auge ihm melden, dass du den Bleistift losgelassen hast, geht der Befehl »greifen« an seine Hand weiter. Zwischen Erkennen und Reagieren geht genau die Zeit verloren, die er braucht, um den Bleistift zu fassen. Achtung: Nach zwei bis drei Versuchen solltest du dir eine neue Testperson suchen. Denn dann hat sich das Gehirn auf die »Schrecksekunde« eingestellt und reagiert schneller. Versuche einmal, dich selbst mit diesem Trick hereinzulegen.

Kerze löschen

Hier ein Versuch, der aussieht wie der Trick eines Zauberkünstlers. Mit magischen Kräften hat er allerdings nichts zu tun. Er wendet nur die Naturgesetze an.

Zünde ein Teelicht an und lass es vorsichtig in ein Glas fallen. Gib nun in ein sauberes Marmeladenglas einen Esslöffel Natronpulver und zwei Esslöffel Essig. Die Mischung schäumt sofort kräftig auf. Neige das Marmeladenglas langsam über das Teelicht und achte darauf, dass keine Flüssigkeit ausfließt.

Wie von Geisterhand berührt, erlischt das Licht.

Warum? Als die Natron-Essig-Mischung aufschäumte, entstand durch eine chemische Reaktion das Gas »Kohlendioxid«. Dieses Gas ist schwerer als Luft und wirkt erstickend. Du kannst es also, ähnlich wie Wasser, aus dem Marmeladenglas in das Glas mit dem Teelicht umfüllen. Dort legt es sich auf die Flamme und versperrt ihr die Sauerstoffzufuhr.

Apfel oder Möhre?

Den folgenden Versuch kannst du zusammen mit deinen Freunden ausführen.

Wasche und schäle einen Apfel und eine Sellerieknolle und schabe eine Möhre. Schneide das Obst und das Gemüse in gleich große Würfel und lege die Stücke auf einen Teller. Dann verbindest du einem deiner Freunde mit einem Tuch die Augen und bittest ihn, sich die Nase zuzuhalten. Wichtig: Der Versuch gelingt nur, wenn keiner mogelt. Gib deinem Freund nacheinander drei Würfel zum Probieren. Er soll sagen, was er gegessen hat. Lacht ihn nicht aus, wenn keine einzige seiner Antworten stimmt. Nachher kommt jeder von euch auch einmal an die Reihe.

Es ist so schwer, die Apfel-, Möhren- und Selleriewürfel voneinander zu unterscheiden, weil sie die gleiche Größe und Festigkeit besitzen. Mit den Augen könnte die Testperson erkennen, was sie isst. Aber die sind verbunden. Mit der Nase könnte sie den unterschiedlichen Geruch der Würfel feststellen. Doch die ist ebenfalls zu. Es bleibt nur noch die Zunge übrig. Aber die Zunge ist nur in der Lage, süß, sauer, salzig und bitter voneinander zu unterscheiden. Die Würfel schmecken, wenn man sie weder sehen noch riechen kann, nach nichts.

Konzentrationsübungen

Es gibt eine Reihe von Bewegungen, die man nicht gleichzeitig ausführen kann. Versuche zum Beispiel folgendes: Klopfe mit der rechten Hand auf den Tisch und lasse dabei gleichzeitig die linke Hand auf der Tischplatte kreisen. Du wirst merken, das geht gar nicht so einfach.

Schwieriger wird die Sache, wenn du unterschiedliche Bein- und Handbewegungen kombinieren sollst: Lass dein rechtes Bein im Uhrzeigersinn kreisen, während gleichzeitig deine rechte Hand auf der Tischplatte Kreise gegen den Uhrzeigersinn ausführt. Du kannst die durcheinander geratenen Bewegungen auch sichtbar machen: Kreise wiederum mit deinem Bein und versuche gleichzeitig, deinen Namen zu schreiben. Du wirst dich wundern, was für ein Gekritzel dabei herauskommt.

Auch scheinbar leichte Bewegungen, wie Klopfen oder Kreisen mit dem Bein, erfordern so viel Konzentration, dass du sie nicht gleichzeitig ausführen kannst. Versuche noch weitere Bewegungskombinationen zu finden, die sich nicht gleichzeitig verrichten lassen.

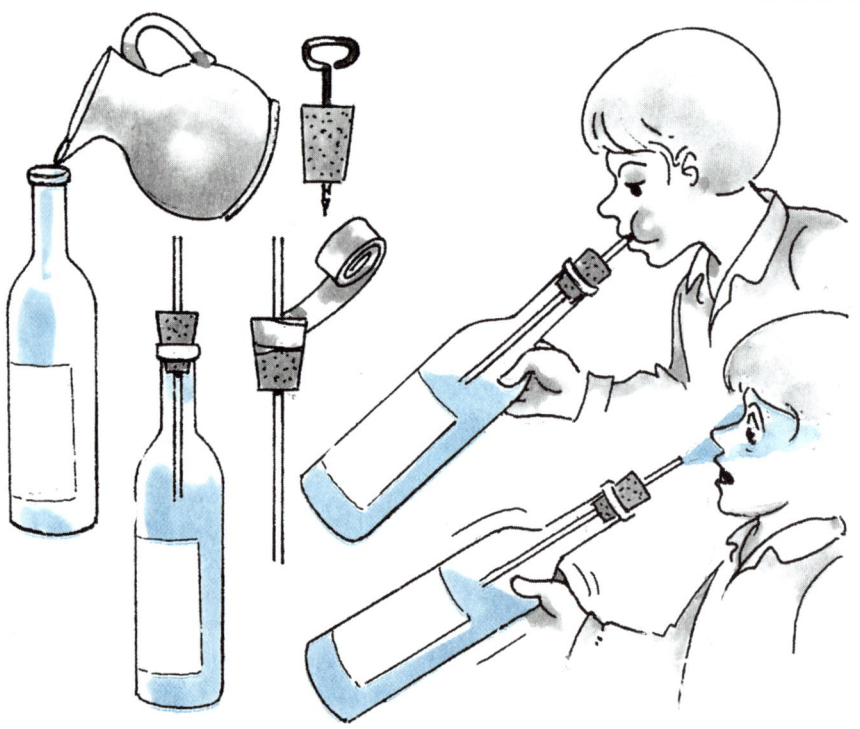

Trick 17

Es macht Spaß, andere ein wenig auf den Arm zu nehmen. Weniger lustig ist es, wenn man selbst von den anderen gefoppt wird. Ganz besonders viel Humor braucht man jedoch, wenn man sich selbst hereinlegt. Mit dem nächsten Versuch kannst du testen, wie viel Spaß du verstehst.

Bohre vorsichtig mit einer Stricknadel oder einem Handbohrer ein Loch in den Korken einer Weinflasche. Stecke einen Trinkhalm durch das Loch und gieße etwa einen Viertelliter Wasser in die Weinflasche. Der Trinkhalm muss etwas in die Flüssigkeit hineinragen.

Dichte den Korken mit Klebeband ab, aber lass die Öffnung des Trinkhalmes frei. Hole tief Luft und puste kräftig in die Flasche. Was passiert? Sobald du aufhörst zu pusten, schießt ein Wasserstrahl aus dem Trinkhalm heraus und klatscht dir ins Gesicht.

Damit habe ich dir leider die Folgen dieses schönen Tricks vorher verraten. Du ziehst deshalb bestimmt deinen Kopf zurück, bevor du die Wasserdusche erhältst. Aber sicherlich hast du ein paar Freunde, die das Geheimnis des nach hinten spritzenden Strohhalmes noch nicht kennen.

Wieso kommt aus dem Strohhalm das Wasser und nicht die zusätzlich hinein-

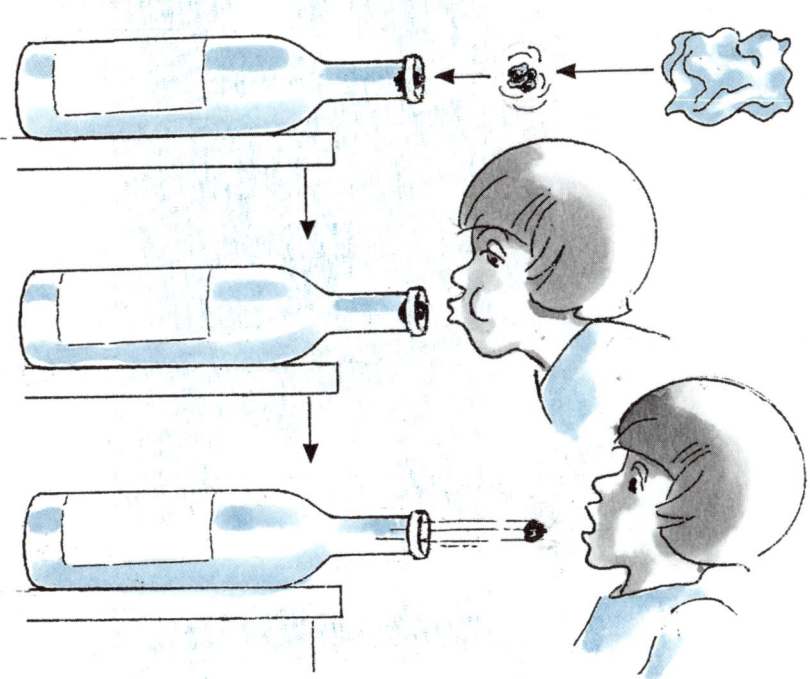

geblasene Luft wieder heraus? Durch dein Pusten drückst du die Luft in der Flasche kurzfristig zusammen. Sobald du den Strohhalm freigibst, dehnt sich die Luft wieder aus und drückt auf das Wasser. Das wiederum kann nur durch den Strohhalm entweichen.

Schießende Papierkugel

Wenn dir der vorige Trick gefallen hat, wird dir diese Aufgabe sicherlich auch Spaß machen.

Abermals brauchst du eine Weinflasche. Drehe ein kleines Kügelchen aus Stanniolpapier. Halte die Weinflasche waagerecht und lege die kleine Kugel vorn in die Öffnung. Was passiert, wenn du kräftig gegen das Papierkügelchen pustest? Fliegt es in die Flasche? Nein. Die kleine Kugel bewegt sich nicht, wie erwartet, nach vorn, sondern saust blitzschnell in die Richtung, aus der die Puste kommt. Sie springt dir sozusagen ins Gesicht.

Indem du pustest, presst du die Luft in der Flasche zusammen. Du erhöhst hier also den Luftdruck. Gleichzeitig sinkt im Flaschenhals durch den hier eintreffenden Luftstrom der Druck. Die Folge: Das Kügelchen schießt mit Wucht rückwärts aus der Flaschenöffnung heraus.

Fingerabdrücke sichtbar machen

In Kriminalfilmen spielen sie oft eine wichtige Rolle. Aber auch für »echte« Polizisten sind sie ein unverzichtbares Beweismittel. Fingerabdrücke haben schon manchen Täter überführt. Wenn du Lust dazu hast, kannst du bei dir zu Hause ein wenig Detektiv spielen und zum Beispiel herausfinden, wer zuletzt an die Klinke der Wohnzimmertür gefasst hat. Du brauchst dazu ein wenig Talkumpuder (gibts in der Apotheke), einen sauberen und trockenen Pinsel, durchsichtiges Klebeband und schwarzen Fotokarton. Stäube ein wenig Talkumpuder auf die Klinke. Puste zuerst den überflüssigen Puder vorsichtig wieder ab. Dann fährst du mit dem Pinsel ganz leicht über die zurückgebliebene dünne, weiße Schicht, bis Fingerabdrücke sichtbar werden. Das erfordert ein wenig Fingerspitzengefühl. Drücke einen Streifen durchsichtiges Klebeband fest auf einen der Abdrücke. Ziehe das Klebeband wieder ab. Das weiße Muster bleibt an ihm hängen. Wenn du den Streifen anschließend auf schwarzen Fotokarton klebst, ist der Fingerabdruck deutlich sichtbar.

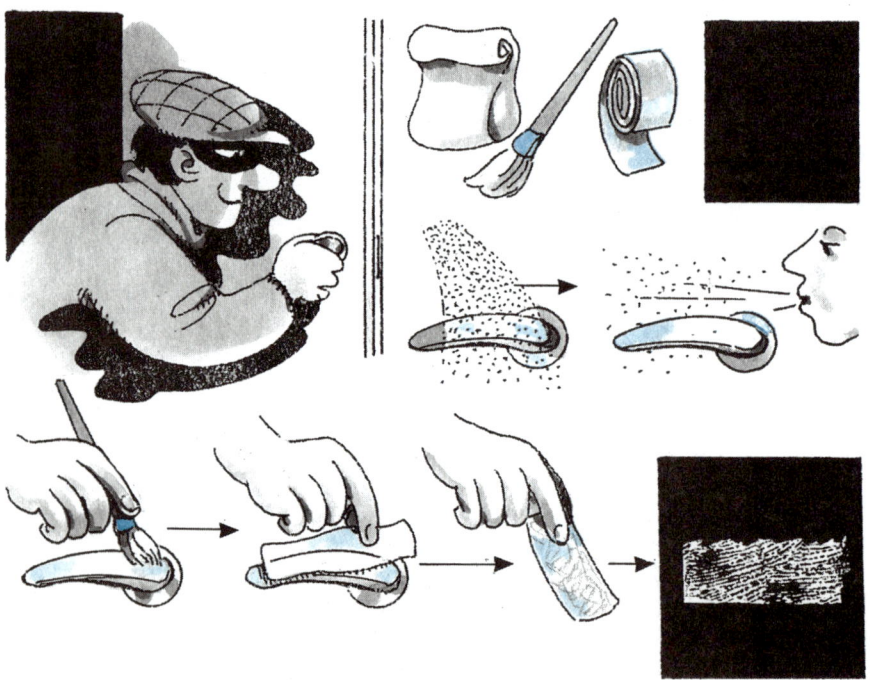

Auf deinen Fingerkuppen befindet sich stets eine kleine Fett- und Schweißschicht. Sobald du eine glatte Fläche berührst, hinterlässt du einen unsichtbaren Abdruck. Der feine Talkumpuder macht die Ablagerungen sichtbar. Jetzt musst du nur noch herausfinden, von wem der Abdruck von der Türklinke stammt. Lass jedes Familienmitglied seine Fingerkuppen auf ein Stempelkissen mit blauer Farbe drücken. Die eingefärbten Finger werden auf einem weißen Blatt Papier abgerollt. Jetzt kannst du die blauen Abdrücke mit dem weißen Muster vergleichen.

Tanzbär

Schau genau auf die Scheibe, auf welcher der Bär balanciert, und drehe das Buch langsam im Kreis. Die Scheibe beginnt scheinbar zu rotieren.
Wie ist das möglich? Unsere Augen können den schwarzen und weißen Kreisen nicht folgen. Sie reagieren zu langsam. Der Bildeindruck der Kreise bleibt noch eine kleine Weile auf der Netzhaut stehen, obwohl sie sich bereits fortbewegt haben. Dein Gehirn deutet die ungewohnte Situation so, dass für dich die gezeichnete Scheibe tatsächlich zu rotieren scheint.

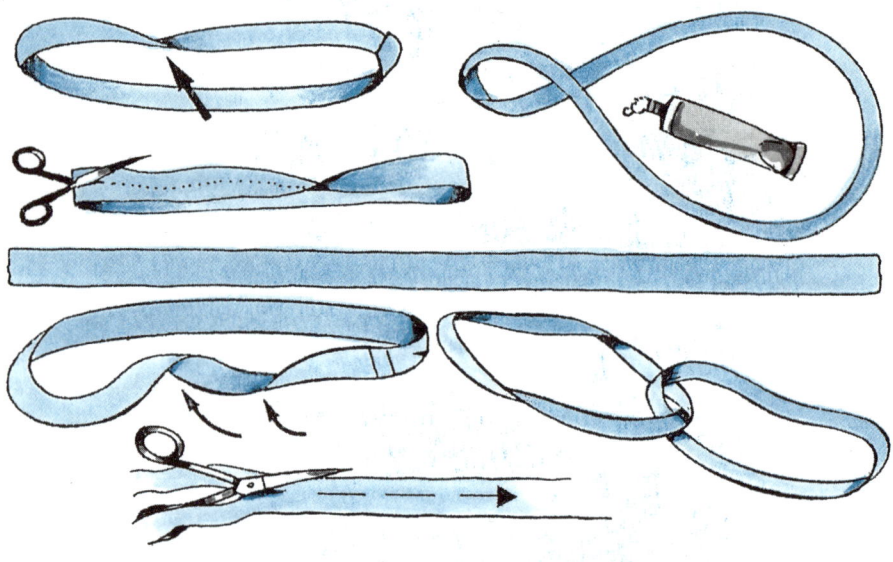

Verhextes Band

Willst du deine Freunde mit einem Kunststück verblüffen, das auf jeden Fall klappt? Dann zeige ihnen den Trick mit dem verhexten Band.

Schneide aus einer alten Zeitung einen etwa einen Meter langen und zwei Zentimeter breiten Papierstreifen aus. Verdrehe den Streifen einmal der Länge nach und klebe die Enden zusammen. Versuche, durch den Ring hindurchzusteigen. Es wird dir wahrscheinlich nicht gelingen. Schneide den Papierstreifen in der Mitte vorsichtig der Länge nach durch, und du erhältst einen doppelt so langen Ring. Jetzt kannst du ohne Schwierigkeiten durch ihn hindurchschlüpfen. Um den Beweis zu erbringen, dass du wirklich mit den Pa-

pierbändern zaubern kannst, solltest du deinen Freunden noch einen zweiten Trick vorführen. Schneide wieder aus deiner Zeitung einen etwa einen Meter langen und zwei Zentimeter breiten Papierstreifen aus. Verdrehe ihn jetzt zweimal der Länge nach und klebe die Enden zusammen. Wenn du den Streifen in der Mitte aufschneidest, zerfällt er in zwei ineinander liegende Ringe. Ein wirklich schönes Kunststück, nicht wahr? Der Mathematiker August Ferdinand Möbius (1790–1868) ist der Entdecker dieser geometrischen Kuriosität. Sie hat mittlerweile vielen Wissenschaftlern Kopfzerbrechen bereitet. Du kannst dem Geheimnis des Möbiusschen Bandes näher kommen, wenn du eine Kante des verdrehten Ringes farbig anmalst.

Register